국어 1등급 고득점의 비밀

현직 국어 교사가 알려 주는
상위 1% 초중고 국어 공부 로드맵

국어
1등급
고득점의
비밀

김지영 지음

카시오페아
Cassiopeia

국어 1등급 고득점의 비밀,
초중고 국어 공부 로드맵에 있습니다

'국어는 어떻게 공부해야 할지 모르겠어요.' 고등학교 국어 교사인 제가 학생들에게 가장 많이 듣는 말입니다. 신기한 것은 이처럼 국어 공부를 어떻게 해야 할지 모르겠다며 길을 잃은 친구들이 중학교 때까지는 하나같이 국어를 잘했다는 사실입니다. 중학교 때는 늘 국어 시험에서 90점 이상을 받으며 안정적으로 A를 받던 친구들이 왜 고등학교에 올라오자마자 국어 시험에서 5등급을 받고 좌절하는지, 저도 처음에는 이해할 수 없었습니다. 그러나 뜻밖의 복병 국어에 배신당하는 고등학생들을 계속해서 지켜보면서, 저는 도대체 문제의 원인이 무엇이며 어떻게 이 문제를 해결할 수 있을지 고민하기 시작했습니다. 그리고 수많은 학생을 관찰한 결과, 문제의 원인이 바로 초등, 중등 시기에 있다는 사실을 알게 되었습니다.

일반적으로 영어와 수학은 초등학교, 심지어 영유아 시기부터 꾸준히 공부합니다. 그리고 영어와 수학은 일종의 로드맵이 있어서 언제 무슨 공부를 할지 계획적으로 준비할 수 있습니다. 그러나 국어는 이렇다 할 로드맵이 없습니다. '독서를 많이 해라', '논술 학원에 보내라', '한자를 시켜라' 등등 엄마들도 학생들도 막연한 정보를 듣고 불안해서 이것저것 해 보거나 아예 손을 놓습니다. 그래도 중학교 때까지는 국어 점수가 괜찮게 나오니 안심하다가 문제의 심각성을 인지하는 시점이 고1 첫 시험입니다. 불행히도 이 시기에 문제를 인지하면 단기간에 국어 실력을 키울 수 없기 때문에 아이들은 말 그대로 한계에 직면합니다. 문학적인 감상 능력, 비문학 독해력, 비판적인 사고력은 어릴 때부터 꾸준히 쌓아야 탄탄한 '진짜 실력'이 생기기 때문입니다.

그래서 국어 공부 로드맵이 필요합니다. 중학생인 저희 아이의 시험 문제를 보니 교과서 외 지문이 거의 없었습니다. 즉, 독해력이나 문학적 감상 능력이 없어도 수업을 충실히 들으면 좋은 점수를 받을 수 있는 시험이라는 뜻입니다. 따라서 중학교 국어 시험을 잘 본다고 해서 국어 실력이 좋다고 낙관하기는 어렵습니다. 진짜 국어 실력이 있다면 낯선 작품, 낯선 글(외부 지문)을 읽어 낼 수 있어야 합니다. 이러한 이유로 저는 어떻게 하면 국어 실력을 키울 수 있을지 시기별 로드맵이 있으면 좋겠다고 생각했습니다. 이런 저런 말에 휘둘리지 않고 자녀를 키우려면 학부모님부터 시기별 국어 공부법에 대해 알아야 합니다. 사교육에 의존하지 않더라도 시기별 국어 공부 로드맵이 있다면 자기 주도적인 공부를 해 나갈 수 있습니다.

고교학점제가 본격 시행되는 2025년 입학생부터는 2022 개정 교육과정의 적용을 받게 됩니다. 따라서 본 책에서는 2022 개정 교육과정의 성취기준을 시기별로 어떻게 달성해 나갈 수 있을지 구체적 성취기준과 달성 방법을 제시했습니다. 그리고 막연한 이론서가 되지 않도록 저의 교육 경험을 바탕으로 다양한 추천 도서들과 구체적인 공부 방법 등을 제안했습니다. 또한 국어 1등급 학생들을 대상으로 인터뷰를 진행하였고, 내신 및 모의고사 출제 경험이 많은 선생님들의 이야기도 귀 기울여 들었습니다. 그야말로 국어 교사 17년 차의 경험을 통해 알게 된 국어 공부의 모든 정보를 담아 '1등급 고득점의 비밀'을 밝혀 보고자 노력했습니다.

부디 이 책이 국어 공부 때문에 좌절하는 학생들, 그리고 자녀들에게 이정표를 제시하고자 노력하는 학부모님들에게 조금이라도 도움이 되었으면 좋겠습니다. 책의 제목과는 어울리지 않을지도 모르지만 저는 경쟁 교육에 반대합니다. 따라서 등급과 상관없이 우리 아이들은 모두 빛나고 소중한 존재라는 것을 강조하고 싶습니다.

마지막으로 부족한 저에게 출간 기회를 주신 카시오페아 대표님께 감사드리며, 후배들을 위해 자기만의 공부 비법을 기꺼이 공유해 준 제자들에게 고마움을 전합니다. 그리고 늘 곁에서 이해해 주고 응원해 준 가족들에게 감사의 말을 전합니다.

차례

2부 초등 국어 공부 로드맵: 문해력을 위한 기초 체력 키우기

3부 중등 국어 공부 로드맵: 본격 입시 레이스가 시작된다

4부 고등 국어 공부 로드맵: 내신과 수능을 동시에 잡는 국어 공부법

1부

1등급을 원한다면 국어 공부도 로드맵이 필요하다

요즘 국어,
요즘 아이들

국어는 중요한 과목입니다. 의사소통 능력을 키우는 기본이 되는 과목이지요. 주요 과목을 언급할 때 흔히 '국영수'라고 부르듯이, 국어의 가치와 중요성은 다들 인정합니다. 그러나 그동안 '입시'에서 중요도를 따질 때 국어의 위상은 영어나 수학을 따라가지 못했습니다. 어느 정도 공부에 신경 쓰는 학생에게 국어가 큰 걸림돌이 되는 과목이 아니었기 때문입니다. 그러나 최근 몇 년 사이 국어 문제의 수준이 달라졌습니다. 수능 시험이 시작된 지 30년 가까이 되면서 새로운 유형의 문제가 계속해서 등장했고, 최상위권 변별력 확보를 위한 고난도 문제 출제 경향이 국어 영역으로도 확대되고 있기 때문입니다. 이제는 대학교수도 틀린다는 농담이 있을 정도로 수능 문제가 어려워졌습니다.

반면, 미디어와 짧은 영상에 익숙해진 학생들의 문해력은 눈에 띄게 떨어졌습니다. 중고등학생들과 이야기하다 보면 '정말로 이 단어를 몰랐다고?', '이 말의 의미를 정말 모른다고?' 하며 입이 떡 벌어지는 순간이 얼마나 많은지 모릅니다.

국어는 어려워지는데, 독해가 안 되는 아이들

일례로 '사공이 많으면 배가 산으로 간다.'라는 속담의 의미를 바로 알아듣는 학생이 많지 않습니다. 우선 아이들이 '사공'이라는 단어를 모릅니다. 요즘은 '사공'이라는 직업이 없으니 아이들이 모를 수도 있다고 애써 이해해 봅니다. 그러나 '사공'의 의미를 설명해 주어도 문맥적인 의미를 파악하지 못합니다. 학생들에게 사공의 뜻을 설명해 준 후 속담의 의미를 물었더니, 사공이 대단하다고 말합니다. 합심해서 배를 산으로 끌고 갔으니 그 어려운 일을 해낸 사공이 대단하다고 칭찬하는 것입니다.

최근 온라인상에서 '심심(甚深)한 사과'라는 표현이 논란이 된 일이 있습니다. '심심한'을 '지루한'이라는 뜻으로 이해하며 벌어진 해프닝입니다. '금일(今日)'을 금요일로 해석하는가 하면 '저승사자'가 동물이 아니라 사람이라서 놀랐다는 학생도 있습니다. 책을 많이 읽었다는 학생들도 '사자'의 뜻을 '죽은 사람(死者)'이라고 해석합니다. 고전 소설에 많이 나오는 단어지만, '사자(使者)'를 '심부름꾼'이라고 정확히 아는 학생은 거의 없습니다.

상황이 이렇다 보니 전문적 지식과 고도의 독해력을 요구하는 수능 국어 지문은 학생들에게 외계어나 다름없습니다. 고등학생이 되었다고 갑자기 어휘력과 독해력이 향상되지 않으니 국어가 어느 순간 입시의 당락을 가르는 결정적인 과목이 된 것입니다.

이런 분위기에서 가장 발 빠르게 움직이는 곳은 사교육 시장입니다. 요즘 길을 걷다 보면 '국어 전문 학원' 간판이 유독 눈에 많이 띕니다. 사교육에서 영어와 수학이 최강자였는데 이제 국어가 그 자리를 넘보고 있습니다. 그도 그럴 것이 수능 영어가 절대 평가 과목이 되면서 최상위권에서 변별력이 다소 떨어졌습니다. 수학은 이과 선호 현상 속에서 어릴 때부터 선행을 당연시하는 분위기로, 영재성 있는 학생들은 일찍부터 수학 올림피아드 등 각종 대회를 준비하며 과학고나 영재학교로 진로를 정하는 것이 당연해졌습니다. 이 때문에 수학 공부에 한해서는 단계별 공부법, 수준별 문제집 등 로드맵이 어느 정도 나와 있습니다. 레벨과 수준에 따라 어떤 문제집을 풀면 좋은지 소개하는 글도 많습니다.

그러나 영어, 수학과 달리 국어 과목은 선행에 대한 개념이 따로 없고, 어떻게 공부해야 하는지 알려 주는 로드맵도 거의 없습니다. 게다가 영어와 수학의 경우 각종 평가와 대회 등을 통해 아이들이 자신의 실력을 대강이나마 알고 있는 경우가 많으나 국어는 대부분의 아이들이 자신이 잘하고 있다고 생각합니다. 중학교 내신 시험이 워낙 쉽게 출제되기 때문입니다. 국어 과목의 경우 미리 차근차근 공부한다는 개념이 없다 보니 고등학교에 진학한 후에야 국어 시험에서 쓴맛을 봅니다. 안 해도 잘할 것 같던 과목, 중학교까지 실제로도 점수가 잘 나오던 과목, 우리말이기에 문턱이 낮다고 생각하고 만만하게 생각하던 과목에 좌절하는 학생들이 너무나 많습니다. 이제 와 막상 시험 점수를 올리려니 가장 막막하고 어려운 과목이 국어라는 하소연도 많이들 합니다.

국어 학원까지 보내야 하나요?

저는 세 아이를 키우고 있습니다. 그저 아이가 좋고 사랑스러워서 많이 낳았을 뿐인데 주위에선 용감하다고 합니다. 아이들이 어릴 때는 잘 몰랐는데 점점 커 갈수록 그 말이 너무나 와닿습니다. 남자아이들은 '1인 1닭'이 기본으로 식비도 꽤 듭니다. 하지만 사교육비에 비하면 귀여운 수준입니다.

영어, 수학 학원은 기본으로 다니고, 피아노나 태권도 등 예체능을 하나씩만 추가해도 3배의 수업료를 지급해야 하니 사교육비에 허리가 휩니다. 우리 아이만 안 시키자니 불안하고, 여기에 과목을 더 추가하자니 경제적인 부담과 아이의 스트레스도 염려됩니다.

다자녀가 아니더라도 대한민국 학부모 중에 사교육비 부담으로 부터 자유로운 사람이 얼마나 될까요? 자녀의 사교육비 문제로 고통받는 학부모들이 너무 많다는 사실에 안타까운 마음이 듭니다. 그래서 굳이 학원에 가지 않아도 국어 공부의 방향과 방법을 알려 주는 책이 있다면 좋겠다고 생각했고, 이 책을 쓰게 되었습니다.

국어 학원은 영어나 수학 학원처럼 아이들이 매일 가지 않습니다. 주 1~2회 정도 다닙니다. 영어와 수학 학원을 기본으로 다니면서 국어나 과학을 추가하는 경우가 많기에 시간을 많이 할애하지 못합니다. 주 3회 반보다 주 1~2회 반이 인기가 더 좋은 이유입니다. 그렇다면 국어 학원 주 1~2회 수업에서 어느 정도의 내용을 다룰 수 있는지 생각해 볼 필요가 있습니다. 매일 수업이 있는 학원이 아니므로 전 시간에 배운 내용을 복습하면서 진도를 나간다면 많은 내용을 배우기는 어렵습니다.

저도 교사로 임용이 되기 전에 학원에서 근무한 경험이 있습니다. 중학생부터는 아웃풋이 확실하게 나오는 수업을 해야 학부모의 신뢰를 받을 수 있습니다. 국어의 개념이나 독해력을 차근차근 다져 나가는 수업보다는 중간고사, 기말고사 점수를 올릴 수 있는 문제 풀이에 집중해야 하는 구조입니다. 학교에서 배운 개념과 작품을 다시 한번 설명하고, 기출문제와 예상 문제를 많이 풀려 오답을 줄여야만 합니다. 학교 시험 문제가 어디서 출제될지 모르니 세세하고 지엽적인 부분까지 학원에서 모두 짚어 줍니다. 중학교까지는 이렇게만 반복해도 공부했던 지문이 그대로 출제되기에 점수를 잘 받을 수 있습니다.

그러나 고등학교는 다릅니다. 내신 시험에도 외부의 낯선 지문이 출제됩니다. 전혀 생소한 작품을 읽고 해석하여 답을 맞히려면 본인 스스로 문제를 해결할 수 있는 '독해력과 감상 능력'을 가지고 있어야 합니다. 이러한 능력은 우리 몸의 근육과 같아서 하루아침에 만들어지지 않습니다. 가끔 학원에서 제공하는 '국어 방학 특강', '고전 문학 끝내기 특강', '연대별 현대 문학 정리 특강' 같은 수업의 커리큘럼을 접한 적이 있습니다. 방학 동안 주 2회 수업을 한다고 해도 8차시나 10차시 분량의 수업입니다. 이 수업만으로는 고전 문학과 현대 문학을 끝내기는커녕 개념 정리만 하기도 쉽지 않습니다.

예를 들어, '고전 문학 끝내기 특강'의 8차시 커리큘럼을 들여다 보면 1차시는 신라 시대 향가, 2차시는 고려 시대 고려 가요, 3차시는 고려 시대 시조, 4차시는 조선 시대 가사 등 시대별로 겨우 2~3개 작품밖에 다루지 못합니다. 즉, 시기별 맛보기 작품 강의만 듣고 나머지는 스스로 공부해야 한다는 뜻입니다. 이렇게라도 수업을 들으면 그나마 개념을 정리할 수 있으니 아예 손 놓고 있는 것보다야 낫겠지만 꼼꼼하게 정리했다고 보기는 어렵습니다.

불안감 해소 차원에서, 혹은 집에서 노는 꼴을 보느니 어디라도 보내고 싶은 부모 마음 때문에 비싼 비용을 들여서라도 학원에 보내야 한다면 괜찮습니다. 집에서 교과서 한번 들여다보지 않는 것보다는 학원에 다니면 다시 한번 정리하고 문제를 풀 수 있으니 효과가 있을 겁니다. 하지만 제가 드리고 싶은 말씀은 학원에 보내는 것만으로는 충분하지 않다는 것입니다. 국어 학원의 도움을 받든 받지 않든, 스스로 공부하는 방법을 알고 공부 습관을 갖춘 학생과 그렇지 않은 학생은 차이가 날 수밖에 없습니다. 어느 과목이나 마찬가지지만 '학원에 보내니 국어는 학원에 맡겨야지'라고 생각한다면 큰 오산입니다. 오히려 집에서 혼자 공부하더라도 계획적으로 꾸준히 하는 학생의 실력이 더 크게 향상됩니다.

다시 한번 정리하지만, 국어 학원은 주 1~2회 수업으로 다룰 수 있는 내용에 한계가 있습니다. 교사 한 명이 인근 5~6개 학교의 내신을 전부 챙겨야 하기에 문제 풀이 위주로 진행하게 되고, 깊이 있는 수업이 이루어지기 어렵습니다. 이로 인해 학원의 국어 수업은 공부해야 하는 절대량의 20% 이상을 다룰 수 없습니다. 아마도 현대 문학의 경우 공부해야 할 주요 작품의 반의반도 다루지 못할 겁니다. 개념 설명은 어느 정도 도움이 될지 모르겠으나 개별 작품에 문학 개념과 감상을 적용하는 훈련을 꾸준히 하는 것은 오롯이 학생의 몫입니다.

초중고 국어 공부
로드맵이 필요한 이유

　모든 공부에는 '로드맵'이 있어야 합니다. 영어, 수학 공부처럼 국어 공부도 마찬가지입니다.

　저와 가장 친한 친구는 수학 교사입니다. 주로 고 3 학생들을 가르치는데, 어느 날 이제 중 1이 되는 아들을 수학 학원에 보내기가 망설여진다며 고민을 털어놓았습니다. 이유를 들어 보니 지금 학원에 보내면 중학교 1학년 2학기 수학 진도를 나갈 텐데 그 부분에서 다루는 도형은 고등학교 수학까지 연계되지 않는다고 합니다. 학원에서는 해당 학년의 교육 과정이니 최상위 수준까지 문제 풀이를 시킬 텐데 괜히 힘을 빼는 것이 아닌가 싶어 내키지 않는다는 것입니다. 친구는 결국 아들에게 1학년 1학기 단원은 꼼꼼히 최상위 수학까지 공부하도록 하고, 2학기 몇몇 단원은 기본만 하고 넘어가게 했다고 합니다.

이 이야기를 들으면서 고등 수학을 가르치니 초등, 중등에서 어떤 부분을 중요하게 여기고 어떤 부분을 가볍게 지나가도 되는지 알고 있어 좋겠다는 생각이 들었습니다. 한정된 시간과 에너지가 있다면 이를 효율적으로 분배하는 것이 더 효과적이기 때문입니다.

국어도 시기마다 달성해야 할 필수 과제가 있다

사실 국어 공부도 마찬가지입니다. 전체적인 로드맵을 알고 있다면 해당 학년에서 어떤 역량을 키우는 데 집중해야 할지 알 수 있습니다.

수학은 해당 학년에서 배워야 할 개념이 명확한 편이라 로드맵을 몰라 배움의 시기를 놓치는 경우는 흔치 않습니다. 만약 구멍이 있다면 어떤 부분을 보충해야 할지도 비교적 명확합니다. 분수 개념이 어렵다면 분수부터 다시 시작하면 됩니다. 그러나 국어는 표면상 초 3 국어나 초 4 국어가 어떻게 다른지, 중등 국어와는 어떤 차별점이 있는지 많은 이들이 명확히 알지 못합니다. 실제 수학에 비하면 위계성이 약한 편입니다. 그러다 보니 학부모들은 막연한 불안감에 아이에게 한자, 논술 등 좋아 보이는 것을 마구잡이로 시키거나 아니면 반대로 손을 놓아 버립니다.

수학처럼 명확하지는 않지만, 국어 교과에도 다음 단계의 국어를 배우기 위해 이전 단계에서 갖추어 놓아야 할 필수 과제가 있습니다. 예를 들어, 초등 과정에서 기초적인 어휘력과 문해력을 갖추지 못하면 중등 과정에서 공부하는 추상적인 상징어를 이해하기 어렵고 비판적인 사고로 나아가기도 쉽지 않습니다. 또한, 중등 과정에서 문학의 개념어와 문법의 기초를 다져 놓지 않으면 고등 과정에서 낯선 작품에 개념을 적용하는 문제 풀이나 중세 문법을 이해하는 데에 어려움을 겪습니다. 고등 과정에서 힘들지 않으려면 초등, 중등 과정에서 반드시 알아야 할 국어의 개념적 지식, 기초적인 어휘, 문법의 기초를 다져 놓아야 합니다.

국어는 모든 과목의 기본

특히, 국어는 도구 교과이므로 국어 실력이 영어, 사회 등 다른 교과 성적에까지 영향을 끼칩니다. 저희 아이가 최근 영어 지필 고사에서 너무 쉬운 문제를 틀렸습니다. 자세히 살펴보니 영어 문제를 틀린 이유가 의외로 국어 어휘에 있었습니다. 제시문은 영어였지만 선지가 모두 국어로 쓰인 문제였고, 선지 안에 한자로 된 어휘가 있어 정확한 의미를 몰랐다고 합니다. 영어 시험을 국어 어휘를 몰라 틀렸다는 사실에 솔직히 어이가 없었습니다.

사회는 또 어떤가요? 중학교 사회 교과서를 보면 갑자기 한자로 된 전문 용어가 쏟아져 나와 아이들이 당황하기도 합니다. 어느 정도의 어휘 수준을 이해해야 하는지, 시기별로 어떤 공부를 해야 하는지 로드맵이 있어야 당황하지 않고 준비할 수 있으며, 해당 학년에서 성취해야 할 성취 수준을 잘 달성할 수 있습니다. 12년 입시 레이스의 긴 여정을 떠난다고 가정한다면 목적지와 지도, 튼튼한 운동화를 잘 챙겨야 한정된 에너지를 효과적으로 분배할 수 있는 것과 같습니다.

사회생활에도 꼭 필요한 국어 능력

국어 능력은 대학 진학 이후 성인이 되어 사회생활을 하거나 평생 학습을 하는 데에도 중요한 밑거름이 됩니다. 직장 생활에서 필요한 보고서, 회의록, 제안서 쓰기(작문), 구두 보고, 회의하기와 발표하기(말하기/듣기), 자료 분석 및 텍스트 소통 능력(읽기), 경청하는 태도 등이 모두 국어 능력과 관련 있습니다.

최근 한 취업 정보 회사에서 'MZ 세대 직원의 국어 능력'을 조사한 결과, 응답 기업의 56.5%가 '이전 세대보다 부족하다'라고 답한 것으로 나타났습니다. 특히 어휘력이 부족하다는 답이 가장 많았으며, 맞춤법이나 경청 태도, 작문 능력, 말하기/듣기 능력 등도 떨어진다고 평가했습니다. 요즘 젊은 직원들이 자격증이나 외국어 점수에서는 우수한 스펙을 지녔음에도 정작 업무와 연관하여 보고서나 기획안 등 문서를 작성하거나, 구두 보고 및 이해 능력, 이메일 등 텍스트를 통한 소통 능력은 떨어지는 것으로 평가받고 있는 것입니다. 응답 기업의 42.6%가 신입 사원 채용에 국어 능력 시험을 포함할 필요가 있다고 답했을 정도입니다.[1]

요즘 상황이 이러하니 초·중등 시기에 국어 실력을 쌓는 일은 12년 입시 레이스의 기초를 튼튼히 하여 대학 진학의 발판을 마련하는 일인 동시에 사회생활을 위한 기초 역량을 갖추는 일이기도 한 것입니다.

국어 1등급은 하루아침에 만들어지지 않는다

그렇다면 시기별로 어떤 역량을 갖추는 데 집중해야 할까요? 교육부가 발표하는 '초중등학교 교육과정'을 보면 학년마다 달성해야 할 '성취 기준'이라는 것이 있습니다.[2] 국어 교과 교육과정에도 초등학교, 중학교, 고등학교 각 학년별로 듣기/말하기, 읽기, 쓰기,

---

1   기업 56.5% "젊은 직장인 국어 능력, 이전 세대보다 떨어진다"(영남일보, 2020. 10. 8.)

문법, 문학 영역에서 무엇을 얼마만큼 성취해야 하는지 성취 기준이 명확히 명시되어 있습니다. 이 중 핵심적으로 반드시 갖추어야할 국어 역량을 간추려 보면 다음과 같습니다.

먼저 초등 과정에서는 기초적인 어휘력, 문단별 요약 능력, 짧은 글을 읽어 내는 독해력이 필요합니다. 이를 바탕으로 중등 과정에서는 비교적 긴 글을 독해할 수 있고, 문법과 문학 개념어까지 명확히 이해할 수 있어야 합니다. 고등 과정에서는 중학교보다 심화한 내용의 긴 글 독해가 가능해야 합니다. 나아가 문법 개념의 확장, 문학의 기초 개념을 개별 작품(낯선 작품)에 적용하는 데까지 나아가야 합니다. 특히 초등과 중등 시기에는 교육과정에서 요구하는 국어 능력 성취 기준에 따라 국어의 기초를 다지고 핵심 역량을 키우는 것이 무엇보다 중요합니다.

초중고 국어 공부 시기별 핵심 과제는 다음 장에서 좀더 자세히 설명하도록 하겠습니다. 지면 한계상 모든 내용을 다룰 수는 없으나, 이 책의 2, 3, 4부에서는 부모님들이 이해하기 쉽도록 구체적이고 실질적인 학습법을 통해 국어의 기반을 다지고 현명하게 대입을 준비할 방법들을 소개할 예정입니다. 막연한 로드맵이 되지

---

2   2022년 12월 교육부가 '2022 개정 교육과정'을 확정하여 발표했습니다. 개정안은 2025년부터 적용될 예정으로, 이 책의 주 독자층이 될 중학생 이하 자녀를 둔 부모님을 위해 본문 중 각 내용에 해당하는 교육과정의 '성취 기준'을 각주로 달아 국어 교육의 흐름을 알 수 있도록 안내하였습니다.

않도록 시기별로 참고하면 도움이 되는 사이트나 도서, 문제집을 구체적으로 제시하고, 특히 자기 주도 학습자들이 국어 공부를 하는 데에 어려움이 없도록 안내하겠습니다.

중요한 것은 1등급 국어 실력은 하루아침에 만들어지지 않는다는 사실입니다. 수능에서 요구하는 수준의 국어 실력은 초중고 각 과정에서 요구하는 성취 수준을 달성하기 위해 꾸준히 노력할 때에만 갖출 수 있다는 점을 꼭 기억해 주시기 바랍니다.

국어 공부 시기별 핵심 과제,
이것만은 꼭!

   초중고 시기에 반드시 갖추어야 할 국어의 핵심 과제가 있다면 무엇일까요? 교육부에서 제시한 교육과정 성취 기준 중 학부모님들이 명확히 알고 적용하기 쉽도록 시기별 핵심 과제를 간추려 보았습니다.

   초중고 시기별로 아래 세 가지 과제를 확실히 해두면 해당 시기에 필요한 역량을 달성했다고 볼 수 있습니다. 필요한 역량을 충분히 달성한 친구들은 내신 시험에서 좋은 성과를 얻는 것은 물론 논술이나 수능 대비까지 할 수 있습니다. 국어는 모든 과목의 기본이므로 이렇게 목표를 세워서 공부한다면 다른 과목의 성취에도 긍정적인 영향을 끼칠 것입니다. 세 가지 과제를 달성하기 위한 구체적인 방법은 이 책의 2부 〈초등 국어 공부 로드맵〉, 3부 〈중등 국어 공부 로드맵〉, 4부 〈고등 국어 공부 로드맵〉에서 상세하게 다루겠습니다.

초등 국어 핵심 과제

1. 독서를 통한 **문해력 키우기**
2. 교과서 학습을 통한 **배경지식 확장**
3. 다양한 체험을 통한 **사고력 신장**

초등 시기의 핵심 과제는 단연 문해력입니다. 문해력을 높이기 위해 독서를 꾸준히 하는 것은 무엇보다 중요합니다. 특히 초등 시기에 독서를 꾸준히 한 친구들은 중고등학교 때 독서에 시간을 많이 할애하지 않더라도 어려움 없이 전 교과의 성적을 고루 잘 받습니다. 이 시기에 영어, 수학 공부에 치중하느라 독서를 충분히 하지 못하면 학년이 올라갈수록 어려움을 겪을 수 있습니다. 영어, 수학에 비해 눈에 띄는 성과가 드러나지 않아도 독서를 게을리하면 안 되는 이유입니다.

이미 독해력, 문해력에 문제가 생겼다는 것을 알아챈 순간부터는 학습 격차를 줄이기가 쉽지 않습니다. 문해력 격차는 단기간에

줍혀지지 않고, 다른 교과에까지 영향을 미쳐 학습 전반에 자신감을 잃게 만듭니다.

또한, 초등 시기에는 교과서를 꼼꼼히 보면서 배경지식을 확장해야 합니다. 국어 교과서뿐 아니라 사회, 과학 교과서까지 정독하고 핵심 개념을 파악해야 합니다. 요즘 초등 교과서는 활동식으로 구성되어 있고, 개념 설명이 많지 않은 편입니다. 따라서 개념 설명이 자세하게 되어 있는 자습서를 참고하여 학교에서 배우지 않은 단원이나 개념까지 확실히 공부하는 것이 좋습니다.

이 시기에는 문제를 많이 풀리겠다고 아이들과 실랑이할 필요가 없습니다. 핵심 개념 옆에 바로 붙어 있는 개념 확인 문제 정도면 충분합니다. 중요한 것은 과목을 편식하지 않고, 다양한 과목의 배경지식을 폭넓게 쌓아 나가는 것입니다.

마지막으로 체험을 통해 사고력을 신장시키는 것이 중요합니다. '체험'에는 놀이도 포함됩니다. 초등 시기는 공부 습관을 잡는 것도 중요하지만 억지로 하다가 흥미를 잃어버리지 않도록 주의해야 합니다.

초등학생의 적정 공부 시간은 학년 그대로 적용하면 됩니다. 1학년은 1시간, 2학년은 2시간이면 충분합니다. 저학년일수록 앉아서 학습하는 것보다 밖에서 규칙이 있는 게임을 하며 뛰어놀거나 자연을 관찰하거나, 보드게임을 하는 것이 사고력 신장에 도움이 됩니다. 2부 〈초등 국어 공부 로드맵〉에서 아이들과 함께할 수 있는 구체적인 게임 방법에 대해서도 안내하였습니다.

중등 국어 핵심 과제

1. **개념어 정리**하기
2. **비문학 독해 시작**하기
3. **문법 기초 정리**하기

중등 과정은 입시 국어의 기초를 다지는 시기입니다. 모든 과목에서 중요한 것은 '개념'에 대한 확실한 이해입니다. 수학 공부를 할 때도 개념을 제대로 모르는 상태에서 공식을 외우고 문제만 반복해서 푼다면 응용력이 떨어집니다. 저도 내신 수학 문제는 곧잘 풀었지만, 수능에서는 어떤 공식을 사용해야 하는지조차 떠올리지 못해 어려움을 겪은 경험이 있습니다. 국어도 마찬가지입니다. '개념어'를 완벽히 정리해 두어야 응용력이 생깁니다. 개념어는 국어의 영역마다 있습니다. 문학의 개념어, 문법의 개념어 등을 어떻게 공부하고 적용할 수 있는지 3부 〈중등 국어 공부 로드맵〉에서 구체적으로 다루겠습니다.

비문학 독해는 '비(非)문학'이라는 단어 그대로 '문학이 아닌' 모든 제재의 '독서' 지문을 독해하는 것입니다. '독서'라는 과목명에서 알 수 있듯이 비문학 독해 실력을 키우려면 독서를 하는 것이 가장 좋습니다. 그러나 현실적으로 중학생이 되면 초등학생 때와 비교하여 시간이 많지 않습니다. 따로 독서할 시간을 내기 어렵기에 차선으로 비문학 문제집이라도 풀어 봐야 합니다. 문제를 푸는 데서 그치지 말고, 비문학 제재를 다룬 설명과 해설지를 읽고 이해하기 위해 노력해야 합니다. 매일 조금씩 다양한 제재의 지문을 읽을 수 있도록 구성한 문제집이 시중에 다양하게 나와 있습니다. '매일 2개 지문 읽기' 등 부담되지 않는 수준에서 목표를 세워 꾸준히 읽고 문제를 풀면 좋습니다. 꼭 문제집이 아니라 신문 기사문 등을 꾸준히 읽는 것도 방법입니다. 어떤 제재든 중등 과정에서도 독해 연습을 게을리하지 않으면 좋겠습니다.

문법 기초를 정리하는 것은 중등 과정에서 매우 중요합니다. 문법은 문학에 비해 답이 명확해서 공부하면 가장 안정적으로 점수를 챙길 수 있지만 공부하지 않으면 갈수록 어려워지는 영역입니다. 고등 문법은 중세 국어, 근대 국어까지 다루기 때문에 중학교에서 미리 문법의 기초 개념을 정리하지 않으면 고등학교에 올라가 처참한 점수를 받을 수 있습니다. 문법이 포함된 고등학교 국어 내신 시험의 경우 평균 점수가 50점 아래로 나오는 학급이 수두룩합니다. 중학교 때 개념을 확실히 정리해 두겠다고 마음먹고 3학년 말에는 고등 문법까지 예습해 보는 것이 좋습니다.

고등 국어 핵심 과제

1. 1학년: **내신 성적** 챙기기
2. 2학년: **수능 및 모의고사 공부**하기
3. 3학년: **EBS 연계 교재 공부**하기

고등 과정 세 가지 과제는 초등 과정에서의 문해력, 배경지식, 사고력이 기본이 되어야 달성할 수 있습니다. 또한 중등 과정에서 개념어 정리, 독해 훈련, 문법 정리가 되어 있어야 따라갈 수 있습니다. 초등과 중등의 목표를 잘 달성한 후 고등 과정에서는 이 모든 역량을 활용하여 내신과 모의고사 실력을 다져야 합니다.

고등학교 내신은 입시와 직결됩니다. 재학생 중에 내신을 과감히 포기하고 정시 전형만 노리겠다는 학생들도 간혹 있습니다. 3학년 때 1, 2학년 성적이 너무 나빠서 불가피하게 이런 전략을 쓰는 경우라면 어쩔 수 없습니다. 그러나 일반고 재학생에게 유리한 전형은 재수생과 N수생, 수많은 특목고와 자사고 학생들이 몰리는 정시(수능) 전형이 아닙니다. 평범한 일반고에 다니는 재학생이라면 내신 성적을 챙겨서 수시 지원을 하는 것이 유리합니다. 학교 수업을 충실히 듣고, 중학교 때까지 위의 세 가지 과제를 성실히 해 온 친구들이라면 내신 국어는 어렵지 않게 점수를 챙길 수 있습니다.

2학년은 수능 및 모의고사 공부도 병행해야 합니다. 사실 2학년은 내신 대비만 해도 정신없이 바쁩니다. '1학기-문학', '2학기-독서'처럼 한 학기에 끝나는 과목이 많아져 진도가 빨리 나가니 수행평가 등 내신을 준비하기가 더 힘듭니다. '교과 세부 능력 및 특기사항'을 받기 위한 활동도 모두 한 학기에 집중적으로 끝내야 하므로 시간에 쫓기게 됩니다.

이때 내신 준비하느라 수능 및 모의고사 준비를 뒷전으로 미뤄두는 경우가 많은데, 여유 있을 때 하겠다고 하다가 결국 수능 최저 등급이 없는 학교를 지원하며 후회하는 학생들을 많이 보았습니다. 수능 최저 등급을 맞춘다면 대학 선택의 폭이 훨씬 넓어집니다. 주말과 학기 말, 방학 기간을 최대한 활용해서라도 수능 및 모의고사 기출문제를 풀어 보는 것이 좋습니다.

3학년은 1학기의 학교생활기록부 기록만 입시에 반영됩니다. 어떤 선택 과목을 듣더라도 EBS 연계 교재로 진도를 나가는 학교가 많습니다. 내신 대비가 곧 수능 준비가 되는 식입니다. 따라서 이 시기에는 연계 교재(1학기 《수능 특강》, 2학기 《수능 완성》)를 꼼꼼히 보면서 내신과 수능을 동시에 준비해야 합니다. 국어 내신 대비를 위한 방법, 수능 국어를 준비하는 구체적인 방법은 4부 〈고등 국어 공부 로드맵〉에서 더 자세히 다루도록 하겠습니다.

국어 성적과 독서의 상관관계

국어 성적과 독서는 상관관계가 있을까요? 당연히 있습니다. 독서를 많이 한 사람이 공부 머리가 좋고, 독해력과 문해력이 뛰어나다는 것은 의심의 여지 없이 수많은 연구로 입증되었습니다. 그런데 이렇게 반문하는 학생들도 많습니다. '○○(이)는 책을 잘 안 읽는데도 국어 성적이 좋아요.' 독서와 국어 성적이 상관없는 것 같다는 주장입니다. 그렇다면 왜 누구는 책을 안 읽어도 국어 성적이 좋고, 누구는 책을 많이 읽어도 국어 성적이 나쁜 걸까요?

당연히 모든 실력은 '재능'과 연관이 있습니다. 타고난 운동 신경이 뛰어난 선수는 훈련의 양에 비해 성과가 좋습니다. 타고난 운동 신경이 떨어지는 선수는 아무리 노력해도 좋은 성과를 내기 어럽습니다. 얼마 전 개그우먼 김민경 씨가 여러 가지 운동에 도전하는 한 예능 프로그램에 출연했다가 사격 국가 대표로 선출되어 화제가 된 일이 있습니다. 그는 '본인만 몰랐던 운동 천재', '태릉에 빼앗긴 인재', '기억을 잃은 특수 요원' 등의 별명을 얻으며 탁월한 운동 실력을 보여 주었습니다. 저는 이 프로그램을 보며 타고난 재능이 얼마나 중요한지 새삼 깨달았습니다. 그러나 그렇다고 해서 모든 실력이 '재능'의 영역일까요? 평범한 이들은 그저 손 놓고 운에 모든 것을 맡겨야 할까요? 저는 이 문제로 오랜 시간 고민했습니다. 제가 얻은 결론을 비유를 통해 쉽게 설명하고자 합니다.

독서로 국어 실력 상자를 채울 수 있다

국어 실력을 상자에 비유해 보겠습니다. 이 상자가 가득 찰수록 국어 실력이 좋은 것이라고 가정해 봅시다. '국어 실력'이라는 상자에 개인마다 공을 하나씩 넣고 시작합니다. 이미 들어 있는 이 공을 '흰 공'으로 설정하겠습니다.

흰 공의 크기는 사람마다 다릅니다. 흰 공의 크기가 재능의 크기라고 생각하면 됩니다. 타고난 언어 감각, 언어를 이해하고 표현하는 능력이 이런 재능에 해당합니다. 약간의 운동만 해도 근육이 잘 붙는 체질이 있는 것처럼 특별히 노력하지 않아도 책을 읽고 이해하는 능력이 뛰어난 사람이 있습니다.

재능이 크다는 점은 분명 유리하게 작용합니다. 하지만 재능만으로 충분하지 않습니다. 나머지 부분은 '노력'이라는 공으로 채워 넣어야 합니다. 국어를 잘하기 위해 강조하는 독서, 논술, 한자, 지식 암기 등이 여기에 해당합니다.

이러한 노력도 공으로 비유해 보겠습니다. 이 중 가장 큰 공(빨간공)은 '독서'입니다. 독서를 통해 문맥 속에서 어휘를 이해하고, 긴 글을 읽어 내는 과정에서 독해력이 자연스레 쌓입니다. 사회, 과학, 경제 등 다양한 독서의 제재가 배경지식이 되어 또 다른 글을 읽을 때 쉽게 관련 내용을 이해할 수 있게 됩니다. 당연히 독서를 하면 할수록 배경지식도 늘고, 독해 속도도 빨라지며, 더 높은 수준의 글과 긴 글을 읽어 낼 실력도 쌓입니다. 국어 1등급을 좌우하는 영역이 '독서(비문학 독해)' 파트이므로 독서를 많이 한 친구들은 수능 국어에서 절대적으로 유리합니다.

나머지 작은 공(회색 공)은 독서 외에 논술, 한자, 지식 암기와 같은 노력입니다. 논술이나 한자, 지식 암기가 필요 없다는 이야기가 아니라 그만큼 독서의 비중이나 영향력이 크다는 의미입니다. 독해력을 키우기 위한 노력 중 가장 효과적인 방법이 독서라는 것을 강조하기 위해 빨간 공을 다른 기타 노력(회색 공)보다 크게 그린 것입니다. 그러니까 독서를 많이 한 친구들이 국어 실력 상자를 쉽게 채울 수 있습니다.

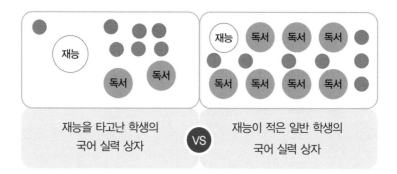

재능을 타고난 학생의
국어 실력 상자
VS
재능이 적은 일반 학생의
국어 실력 상자

　물론 독서를 많이 한다고 해서 국어 성적이 반드시 높은 것은 아닙니다. 국어 재능을 타고난 친구 중에는 그림처럼 독서량이 상대적으로 부족해도 국어 실력이 좋은 아이들이 있습니다. 책을 많이 읽지 않아도 타고난 공부 머리로 교과 중심의 공부를 충실히 하여 국어 성적이 높은 아이들도 있습니다. 하지만 이렇게 재능을 크게 타고 태어난 친구들은 소수입니다. 특출난 재능이 없어도 우리처럼 평범한 사람들은 '독서 습관 들이기' 같은 노력으로 충분히 국어 실력을 쌓을 수 있습니다.

　여기에 더해 재능의 크기도 활용하기에 따라서 변화한다는 주장도 있습니다. 제가 최근에 읽은 자기계발서 《역행자》라는 책에서는 평범한 학생이었던 저자가 사업으로 성공하게 된 과정을 적으며 '독서'와 '글쓰기'를 자신의 성공 비결로 강조합니다. 성인이 되어서도 독서와 글쓰기를 꾸준히 하면 뇌가 똑똑하게 바뀐다는 저자의 말이 매우 인상 깊었습니다.

'매리언 울프'라는 인지신경학자는 《다시, 책으로》라는 책에서 읽기와 뇌의 상관관계에 관해 설명합니다. 쉴 새 없이 디지털 기계에 접속하며 살아가고 있는 현대인은 자연스럽게 디지털 읽기 방식인 '훑어 읽기'를 읽기의 표준 방식으로 사용한다고 합니다. 따라서 갈수록 '깊이 읽기' 능력을 상실하고 뇌의 읽기 회로가 망가지고 있다는 것이 책의 내용입니다. 실제 교실에서 학생들에게 책 읽기를 시켜 보면 분명 읽는 속도는 빠른데 내용을 파악하지 못하는 학생들이 늘고 있습니다. 읽기를 통해서만 비판적 사고력, 공감과 이해, 성찰 능력을 회복할 수 있는데 우리의 읽기 회로가 망가져 가면서 이 핵심 능력에 문제가 생길 수 있다고 전문가들은 경고하고 있습니다.

독서력을 키우는 골든 타임(golden time)

생명이 위태로울 때 무엇보다 중요한 것이 골든 타임입니다. 국어 실력이 약한 학생에게 '독서'라는 처방을 내린다고 합시다. 이 처방에도 적절한 처치를 할 수 있는 극적인 시간이 있습니다. 제가 학생들을 가르치면서 깨닫게 된 독서의 골든 타임은 영·유아기부터 중학교 1학년까지입니다. 성장판이 활짝 열려 있을 때 영양소를 충분히 섭취하면 튼튼하게 성장하는 것과 비슷한 원리라고 생각합니다. 물론 성인이 되어서도 독서력을 키울 수 있으나 초등까지는 그야말로 독서 성장판이 활짝 열려 있는 시기라고 볼 수 있습니다.

자유학기제(자유학년제)가 있는 중학교 1학년을 지나 중학교 2학년이 되면 본격적으로 내신 시험 준비를 해야 하고, 이미 어휘와 독해 수준이 크게 벌어져서 독서만으로는 충분한 처방이 될 수 없습니다. 이때부터는 학습적으로도 국어를 공부하고 내신 점수를 관리해야 합니다. 이미 중 1까지 꾸준히 독서를 한 친구들은 중학교 2학년 때부터 독서에 조금 소홀하게 되더라도 독해력이 한순간에 떨어지지 않습니다. 국어 1등급을 안정적으로 받은 고 3 학생들을 인터뷰했을 때 모두가 초등학교 시절에 독서를 많이 했다고 말하는 것이 인상 깊었습니다. 중학교 때부터는 독서를 즐긴 학생도 있고, 시간이 없어 독서 대신 비문학 문제집만 풀었다는 학생도 있는데 국어 성적의 유의미한 차이는 없었습니다.

그렇다고 이미 중 2 이상이고, 독서도 많이 하지 못한 학생이라고 좌절할 필요는 없습니다. 이제라도 목적이 있는 독서를 효율적으로 하면 됩니다. 목적이 있는 독서란, 학기 중에는 해당 학년의 사회, 과학 교과서를 열심히 공부하고 비문학 독해 문제집을 병행하여 푸는 것입니다. 방학 동안에는 흥미 있는 소설을 골라 긴 호흡의 글을 읽어 보는 것이 효과가 있습니다. 방학 동안 긴 호흡의 독서를 하고, 학기 중에는 짧은 호흡의 비문학 독해를 꾸준히 한 결과 국어 성적이 2등급까지 오른 학생들도 많이 보았습니다. 이런 학생들이 만약 초등 시기에 충분한 독서를 했다면 어땠을까요? 1등급도 가능했을 것이라는 생각에 아쉬움이 남습니다.

'입시'의 관점으로만 봤을 때 문해력의 수준은 모의고사에 출제되는 지문 길이 정도의 글을 정확히 해석할 수 있으면 됩니다. 어느 시기, 어떤 종류의 글이라도 일단은 읽기 시작하는 것이 중요합니다.

동영상이 익숙한 세대인 우리 아이들에게는 글을 읽는 것이 자연스러운 일상이 아니라 각별한 노력을 해야만 시작할 수 있는 과업입니다. 매리언 울프는 "인류는 책을 읽도록 태어나지 않았다"라는 말로 커다란 반향을 일으켰습니다. 인간은 읽는 능력을 타고나지 않았으며 문해력은 호모 사피엔스의 후천적 성취라고 합니다. 아무리 타고난 독서 능력이 뛰어난 사람도 디지털 환경에서 깊이 읽고 생각하는 훈련을 하지 않는다면 '읽기 초보자 수준의 뇌'로 돌아갈 수 있다고 합니다. 뇌가 폭발적으로 발달하는 성장기 아이들에게 독서는 타고난 읽기 재능, 읽는 뇌의 크기마저 바꾸어 놓습니다.

국어 공부,
성공으로 가는 길

학년이 올라갈수록 학생들이 국어를 어려워하는 이유는 낯설고 어려운 지문이 많이 등장하는 '비문학 독해(독서 영역)' 때문입니다. 실제 2022학년도 수능에서도 정답률이 가장 낮은 5개의 문항이 모두 독서(비문학) 지문이었습니다. 최근 3년 동안 정답률이 가장 낮은, 소위 킬러 문항으로 불리는 10개의 문항을 분석해도 70% 이상이 비문학입니다. 가장 어려운 10문항 중에 7~8문항이 독서 영역이라는 것은 상위권 학생들의 1등급을 가르는 영역이 '독서(비문학)'라는 의미이기도 합니다.

국어 교사는 '문학은 쉬운데 비문학이 어려워요'라고 하는 학생보다 '비문학은 쉬운데 문학이 어려워요'라고 말하는 학생이 더 반갑습니다. 후자의 학생은 대개 기본 독해력을 지니고 있어 문학 개념을 가르치면 비교적 단기간에 점수를 올릴 수 있습니다. 그러나 비문학 독해가 어려운 학생의 경우 독해력을 올리기가 만만치 않습니다.

'독해력'이라는 개념이 사실 학생들에게는 모호하고 답답하게 느껴집니다. 수학처럼 공식을 알면 문제가 명쾌하게 풀리는 것도 아니고, 영어처럼 모르는 단어를 암기하니 문장을 해석하고 이해할 수 있는 것도 아닙니다. 수학 공부나 영어 공부를 할 때 느끼는 희열을 국어 공부에서 바로 느끼기는 어렵습니다. 독해력을 높이기 위해 '독서'를 하라는 말조차 학생들에게는 추상적으로 들릴 때가 많을 겁니다. 그렇다고 하여 독서를 포기할 수는 없습니다. 여기에도 방법이 있습니다. 독서를 한다면 어떤 책을 어떻게 읽어야 할까요? 감이 안 오는 학생들을 위해 결론부터 말씀드리겠습니다.

'국어 공부의 성공'이라는 개념을 '입시에서 좋은 성적을 받는 것'만으로 해석할 수는 없습니다만, 여기서는 구체적인 방안을 찾기 위해 입시의 관점으로 제한하여 설명하겠습니다. 현 입시에서 내신의 중요성이 크더라도 최상위권 대학을 들어가기 위해서는 수능 성적이 매우 중요합니다. 정시는 말할 것도 없고 수시에서도 수능 최저기준을 충족하면 지원할 수 있는 대학의 폭이 넓어집니다. 이에 따라 수능 국어의 독서 지문이 어떤 내용을 담고 있는지 알면 좀 더 근접한 답을 구할 수 있습니다.

수능 국어 영역이 요구하는 문해력

수능 국어의 독서 지문에는 초중고 교육과정에서 배우는 모든 교과의 지식이 반영됩니다. 서울대 학생이 즐겨 읽는다는 '세계 문학 전집'을 읽는 것은 노력 대비 성과가 크지 않습니다. 물론 글을 읽는 과정에서 어휘력, 독해력을 키울 수 있습니다. 하지만 독서 자체에서 얻어지는 유익을 빼고 입시 국어로만 접근할 때 효율적인 방법은 아닙니다.

제가 고등학생이던 1990년대에도 수능 시험이 끝나면 만점자 인터뷰에 빠지지 않는 말이 있었습니다. '교과서 위주로 공부했어요. 교과서를 충실히 공부했어요.'라는 얄미운 수능 만점자의 답변이 거짓이 아니라는 것을 시간이 지나 깨달았습니다. 독서 지문에서 학생들이 가장 어려워하는 경제 지문, 과학 지문은 많은 부분 초중고 교과서에서 배우는 내용을 배경지식으로 다루고 있습니다.

만약 수능 국어가 언어적 측면의 문해력만 평가하는 시험이라면 인문계열[3] 학생들은 이공계열 학생들보다 유리할 것입니다. 그러나 평소 문학 책을 한 권도 안 읽는 극 이과 성향의 학생이 소설책을 즐겨 읽는 비슷한 학업 수준의 문과 학생보다 과학 지문

---

3 이미 문/이과가 통합되었지만 선택 과목에 따라 현실에서는 계열 구분이 있으므로 편의상 이렇게 나누겠습니다.

을 더 쉽게 풀어냅니다. 일상적으로 말하는 문해력과 수능 국어 시험에서 요구하는 문해력이 완벽히 일치하는 것은 아니라는 뜻입니다.

킬러 문항을 제외한 대부분의 국어 지문은 학교 교육과정을 충실히 이수한 학생들이 풀 수 있는 문제들로 구성됩니다. 그러나 초중고등학교 사회 시간이나 과학 시간에 배웠다고 생각하는 개념은 자세한 설명 없이 모두 알고 있다는 전제하에 지문을 구성하기에 이 부분에 구멍이 있는 학생들은 어렵게 느낄 수 있습니다.

간혹 수업 시간에 비문학 경제 지문을 해설하면서 적자, 흑자, 채권, 금리와 같은 단어 설명부터 해야 할 때, 과학 지문을 해설하면서 기화, 삼투 등의 단어부터 설명해야 할 때 국어 교사는 난감할 수밖에 없습니다. 기초적 개념을 이해하지 못한 학생은 교사의 설명 없이는 지문을 이해할 수 없습니다. 따라서 초등학생, 중학생 시기부터 본인 학년의 교과서를 충실히 이해하는 것이 무엇보다 중요합니다. 교과서 개념에 구멍이 있으면 그 과목뿐 아니라 국어 시험에서도 좋은 성적을 받기 어렵습니다.

간혹 고등학교 교육과정을 뛰어넘는 지식이라고 판단되는 킬러 지문이 등장할 때도 있습니다. 2022 수능 국어 시험에서 가장 어려웠다고 평가 받는 문제를 살펴보면 사회 시간이나 과학 시간에 깊이 있게 다루지 않은 내용이라고 생각할 수 있습니다. 변별력 있는 시험 문제를 내는 동시에 고 3 수준에서 해결할 수 있는 수준으로 출제해야 하는 딜레마를 출제자는 어떻게 극복할까요?

정답은 《EBS 수능 특강》[4]과 《EBS 수능 완성》[5]에 있습니다. 2022 수능 국어의 가장 어려운 지문으로 '헤겔의 변증법'에 대해 설명한 철학 지문과 '기축통화, 환율 변동'의 개념을 알아야 했던 경제 지문이 있습니다. 그런데 이런 지문에서 설명하는 핵심 용어들은 《EBS 수능 특강》, 《EBS 수능 완성》의 독서 지문에 이미 직간접적으로 실려 있었습니다. EBS 교재는 수능 출제 연계율이 50% 정도라고 이미 공시되어 있으므로 고 3에게 이 책은 교과서 수준의 위상을 갖고 있다고 보시면 됩니다.

교과서와 연계 교재부터 충실하게

솔직히 말씀드리면 인문계 고등학교에서 3학년 학생들은 교과

----

4 고 3 대상 교재로, 국어는 선택 과목에 따라 '화법과 작문', '언어와 매체' 두 종류로 출판되며 문학과 독서(비문학)를 포함한 수능 전 영역의 문제가 수록되어 있습니다. 고 2 겨울방학에 출간되어 주로 1학기 수업에 활용합니다. 매해 지문이 바뀌기에 선행할 필요는 없습니다.

5 실전 모의고사 위주로 수록되어 있으며, 고 3 여름 방학 직전에 출간됩니다. 2학기 수업에 주로 활용되나 현실적으로 진도를 나가기 쉽지 않아 여름 방학 동안 끝내는 것이 좋습니다.

서 대신 《EBS 수능 특강》과 《EBS 수능 완성》으로 교과 진도를 나갑니다. 내신 시험 문제도 《EBS 수능 완성》과 《EBS 수능 특강》의 지문을 그대로 활용하고 변형하여 출제하는 것이 일반적입니다. 이렇게 진도를 나가야 내신과 수능을 이원화하여 따로 공부하지 않고 동시에 대비할 수 있기 때문입니다.

아무리 정부에서 킬러 문항을 배제한다고 해도 킬러와 준 킬러의 경계가 애매하고, 대학 수학 능력을 측정한다는 시험의 본질상 비문학을 완전히 배제하기는 현실적으로 어렵습니다. 따라서 연계 교재에 실린 비문학 제재의 배경지식 정도는 알고 있어야 독해에 도움이 됩니다.

사교육 비법 교재를 구할 수 없고, 대치동 사교육을 받지 못하는 형편이라고 안타까워할 이유가 없습니다. 사교육 변형 문제도 사실 EBS 교재 문제를 변형한 것이 많습니다. 문제의 질은 충분한 검수를 거쳐 만들어진 원본 EBS 교재가 단연코 훌륭합니다. 이해가 잘 안 가거나 모르는 부분은 무료 강의를 들을 수 있고, 학교 선생님께 질문할 수도 있습니다. 학원에 오가는 시간보다 모르는 부분만 강의를 듣는 것이 시간 활용 면에서는 더 유익합니다. 요즘은 해설서까지 따로 나와서 혼자 공부할 수도 있습니다.

다른 교재를 활용하거나 공부하고 싶다면, 이 모든 것을 꼼꼼히 본 이후 시간이 남을 때 해야 합니다. 요즘은 리트[6] 문제까지 출력해서 푸는 학생들이 있는데 그 모든 노력은 기본을 충실히 끝냈을 때 의미가 있습니다. 사실, 다른 과목과 병행하며 위에 언급한 기본을 꼼꼼히 공부하기도 쉽지 않은 일입니다. 국어 공부에서 성공하는 지름길은 무엇보다 교과서와 연계 교재를 충분히 보는 것임을 명심하시기 바랍니다. (교과서와 연계 교재를 어떻게 충실히 보아야 하는지는 해당 학년 부분에서 다루겠습니다.)

---

6 법학적성시험(LEET)

2부

초등 국어 공부 로드맵

문해력을 위한 기초 체력 키우기

독서 엔진 장착하기

독서의 중요성은 모두가 인지하고 있다고 생각합니다. 어휘력과 독해력이 국어만이 아니라 다른 교과에까지 영향을 주고 있습니다. 이제는 최상위권을 변별하는 과목이 영어나 수학이 아니라 '국어'라는 점에서 독서는 반드시 해야 합니다.

입시를 떠나서도 유년기, 청소년기의 독서는 평생을 살아갈 삶의 자양분이 됩니다. 문제는 부모가 독서의 가치를 인지하고 있어도 막상 책을 좋아하는 아이가 많지 않다는 점입니다.

제 아이들의 경우, 큰아이는 '북몬스터(book monster)'라는 별명을 가질 만큼 책을 좋아했습니다. 그래서 독서 습관을 잡아 주기가 어렵다고 하소연하는 엄마들의 고민에 공감하지 못했습니다. 잔

소리하지 않아도 밤잠 안 자고 숨어서 책을 읽고, 걸어 다니면서도 손에서 책을 놓지 않는 아이였기 때문입니다. 만약 외동아이를 키웠다면 이 모습을 당연하다고 생각하고 책을 읽지 않는 아이들의 책임이 오롯이 부모에게 있다고 교만한 생각을 했을지도 모릅니다.

그러나 둘째와 셋째를 낳고 나서 비로소 알게 되었습니다. 스스로 책을 즐겨 읽는 아이가 흔치 않다는 걸 말입니다. 둘째와 셋째를 키울 때도 항상 주변에 책을 두고, 잠들기 전에 동화책을 읽어 주는 등 엄마인 저의 노력은 똑같았습니다. 그러나 아이들의 반응은 달랐고, 이 아이들 덕에 어떻게 하면 책을 읽힐 수 있을까 매일 고민하게 되었습니다.

특히, 둘째 아들은 만화책 외에는 책을 거들떠보지 않았습니다. 운동과 만들기에 흥미가 있던 아이는 레고 조립이나 줄넘기는 시키지 않아도 열심히 했지만, 가만히 앉아서 책을 읽는 일은 좀처럼 하려 하지 않았습니다.

희망을 드리고자 결론부터 말씀드리면 한글도 늦게 떼고 긴 글은 읽기조차 귀찮아하던 둘째 아이가 초등학교 4학년 무렵부터 800쪽이 넘는 책을 스스로 읽고 있습니다. 아직 독서를 통해 어휘력이 얼마만큼 향상되었는지, 국어 실력에 도움이 되었는지는 모릅니다. 하지만 스스로 책을 사 달라고 조르고 있다는 점, 앞으로 독서를 평생 즐겁게 여길 것이라는 점에서 큰 의미가 있다고 생각합니다. 지금부터 어떻게 책을 싫어하던 둘째가 선물로 장난감 대신 책을 고를 만큼 좋아하게 되었는지 그 비법을 구체적으로 나누고자 합니다.

책을 고를 때는 아이에게 선택권을

우선 저는 독서를 중요하게 생각하긴 했지만, 양서를 읽히려고 노력하지는 않았습니다. 책을 고를 때는 99% 아이에게 선택권을 주었습니다. 단, 나이에 맞지 않게 폭력적이거나 불건전한 내용의 책은 걸렀습니다. 반대로 좋다고 하는 책을 일부러 권하거나 억지로 읽히지도 않았습니다. 학습 만화만 골라 읽으려고 한다면 제지하지 않고 계속 시리즈 만화책을 사주었습니다. 그래서인지 책을 스스로 찾아 읽지 않던 동생들도 독서에 대한 거부감만큼은 없었습니다.

간혹 책을 읽을 때마다 용돈을 주면서 보상하거나 학원에 보내 숙제로 책을 읽히는 부모님도 있다고 들었습니다. 오죽 책을 안 읽으면, 얼마나 책을 읽히고 싶으면 이렇게까지 하실까 싶은 생각도 듭니다. 하지만 이렇게 억지로 책을 읽히면 당장은 한두 권을 더 읽을지 몰라도 장기적으로 '책은 억지로 읽어야 하는 숙제'라는 인식이 생깁니다. 보상이나 자극이 사라지면 당연하게도 책을 스스로 찾아 읽지 않게 됩니다.

최근 들은 이야기를 하나 나누겠습니다. 어떤 노인의 집 담벼락에 동네 아이들이 모여서 시끄럽게 떠들었답니다. 하루 이틀도 아니고 매일 아이들 소음에 시달리던 노인은 아이들을 불러서 이렇게 말했답니다. "애들아~, 너희가 노는 소리가 너무 좋구나! 앞으로 매일 여기에 와서 3시간씩 떠들면 300원씩 줄 테니 제발 매일 와 주렴." 그랬더니 다음 날 아이들이 또 몰려와서 3시간을 떠들었습니다. 노인은 300원씩 주며 다음 날 다시 와 달라고 했습니다. 다음 날 아이들이 와서 떠들자 이번에는 200원을 주면서 "내가 돈이 없어서 이것밖에 못 주겠구나."라고 했답니다. 아이들은 시무룩해져 돌아갔습니다. 그다음 날도 아이들이 와서 떠들자 "이제 돈이 다 떨어졌구나. 그래도 와서 떠들어 주렴."이라고 했답니다. 어떻게 되었을까요? 아이들은 "이제 돈도 안 주니까 여기서 안 떠들 거예요!"라고 하면서 전부 다른 집 담벼락으로 가 버렸다고 합니다.

이 이야기가 주는 교훈은 무엇일까요? 잘못된 보상은 약이 아니라 오히려 독이 될 때가 있다는 것입니다. 책을 읽는다고 특별한 보상을 하는 것은 독서에서 멀어지게 하는 일입니다. 득보다 실이 큰 위험한 방법이라고 말씀드리고 싶습니다.

좋아하는 책부터 시작하는 독서의 세계

그렇다면 아이들을 어떻게 독서의 세계로 초대할 수 있을까요? 저는 만화책부터 시작했습니다. 아이들이라면 누구나 좋아하는 만화책이 있습니다. 7~8세라면 《와이(Why)》 시리즈의 '똥' 책을 좋아합니다. 이 책을 싫어하는 아이는 아직 만나보지 못했습니다. 여기서 다른 학습 만화로 주제를 넓혀 가면 좋습니다.

학습 만화에 흥미를 느낀 아이들은 독서가 즐겁다는 인식을 하게 됩니다. 이때 방문하면 좋은 곳이 아이들을 위한 만화 카페(혹은 북 카페)입니다. 만화 카페에는 책을 싫어하는 아이들도 즐길 만한 것이 많습니다. 책을 읽으면서 시원한 아이스티도 마시고 라볶이도 사 먹고 틈틈이 보드게임도 하면서 책 읽는 공간을 즐거운 추억의 공간으로 만들어 줍니다.

이렇게 놀며 쉬며 독서를 하던 아이들은 또 북 카페에 가자고 조릅니다. 이런 분위기에서 《설민석의 한국사/세계사》 시리즈, 《흔한 남매》 시리즈 등 학습 만화 책을 즐겨 읽으면 글을 읽는 속도가 빨라집니다.

처음부터 긴 글을 읽어 내기 어려운 친구들은 일단 글 읽는 속도를 빨라지게 만드는 것이 중요합니다. 그래야 제법 글밥이 있는 책도 읽어 낼 수 있게 됩니다.

만화책에서 줄글로 갈아타는 징검다리 책

아이가 학습 만화를 잘 읽게 되면 이제 슬슬 고민이 시작됩니다. 언제까지 만화책만 읽힐 수는 없을 텐데 그냥 놔두어도 되나 싶어 마음이 조급해집니다. 이때 추천하고 싶은 책이 《윔피키드(Diary of Wimpy Kid)》 시리즈처럼 익살스러운 그림과 재미있는 글이 절반씩 섞여 있는 책입니다. 3~4학년쯤 되면 《건방이의 건방진 수련기》(비룡소)나 《스무고개 탐정》(비룡소), 《수상한 시리즈》(북멘토), 《이상한 과자 가게 전천당》(길벗스쿨) 시리즈 등을 좋아합니다. 시리즈마다 10권 정도의 책이 있고, 보통 1~2권을 읽으면 잔소리하지 않아도 뒷이야기가 궁금해서 다음 시리즈를 기다리는 열혈 독자가 됩니다. 자연스럽게 독서량이 상당히 늘어납니다.

다음으로 추천할 만한 책은 《전사들(Warriors)》(가람어린이), 《살아남은 자들(Survivors)》(가람어린이), 《악당 스파이 스쿨(Spy School)》(주니어 RHK) 등입니다. 자녀가 영어 원서 읽기에 흥미를 보인다면 초등 고학년부터 원서와 병행하여 읽기에도 좋습니다. 직접 제 아이들을 읽혀 보았고 폭발적인 반응으로 검증된 책이기에 책 읽기를 싫어한다는 주변 아이들에게 추천하는 편입니다. 물론 독서 취향이나 수준에 따라 호불호가 갈리겠지만 아직 부정적인 피드백을 받아 본 적이 없습니다.

책을 싫어하던 둘째 아이가 스스로 찾아 읽은 800쪽이 넘는 책은 《전사들 슈퍼 에디션: 파이어스타의 임무》였습니다. 이 시기에 둘째는 코로나19 확진으로 집에만 머물렀습니다. 다행히 많이 아프진 않았는데 외출을 할 수 없으니 놀 거리를 찾아야 했습니다. 집에서 휴대폰 게임도 하고, 유튜브도 보고 인터넷 강의도 들었지만 남아도는 시간을 주체할 수 없었습니다. 아이들에게 종일 시간이 주어지면 끝도 없이 게임만 할 것 같지만, 종일 노는 것도 쉽지만은 않은가 봅니다. 며칠 뒹굴기만 하더니 집에 있는 《전사들》 시리즈를 읽기 시작하면서는 밥 먹고 책만 읽는 기적이 일어났습니다.

최근에는 이현 작가의 《푸른 사자 와니니》 시리즈를 재미있게 읽고 있습니다. 이 책은 2022년 국제아동도서협의회 선정 '전 세계 어린이가 함께 읽어야 할 책' 목록에 오른 책이기도 합니다. 아이는 학교에서 '온 책 읽기' 시간에 책을 접한 후 '작가와의 만남' 프로그램을 통해 이 시리즈의 열렬한 팬이 되었습니다. 책에 흥미를 붙이자 주말 동안 5권 시리즈를 단숨에 완독하기도 했습니다.

이런 과정을 지나며 '그동안 아이가 왜 책을 읽지 않았을까?' 생각해 보니 책을 읽을 시간적인 여유, 마음의 여유가 없었다는 것을 깨달았습니다. 학교와 학원에 다니느라 쫓기다 보면 쉬는 시간에는 스트레스를 풀 더 원초적인 자극을 원합니다. 어른도 업무 스트레스에 시달리다가 집에 오면 독서보다 시원한 맥주 한 잔이나 달콤한 간식, 아무 생각 없이 볼 수 있는 드라마에 시선을 빼앗기는 것과 같습니다. 아이들이 학원 다니고 숙제하며 바쁜 스케줄을 소화하느라 놀 수 있는 시간이 제한적이라면 휴대폰 게임이나 유튜브 시청에 마음을 빼앗기는 것이 당연합니다.

따라서 주말 하루 정도는 학원도 숙제도 없는 자유의 날을 정해 주는 것이 좋습니다. 빈둥거릴 수 있는 시간이 있어야 책을 읽을 마음도 생기기 때문입니다. 어른들도 바쁜 일상에서보다 휴가지에서, 또는 연휴 기간에 책을 읽는 이들이 훨씬 많습니다. 다시 강조하고 싶은 것은 아이들에게 독서가 지겨운 일이 아닌 즐거운 놀이가 되어야 한다는 점입니다.

독서의 즐거움을 맛본 아이는 이제 시속 100km 속도로 달려나갈 자동차 엔진을 장착한 것이나 다름없다고 생각합니다. 초등 시기에는 당장 한 권의 책을 더 읽히려 아이와 다투거나 씨름하기보다 아이 스스로 질주할 수 있는 엔진을 달아 주는 것이 더 중요합니다. 주말에 뒹굴고 빈둥거리는 시간이 의미 없이 흘려보내는 시간이 아닌 '책으로의 초대'로 들어가는 시간이라고 생각해 주시면 좋겠습니다.

미디어 제한은 필요해요

심심할 때 책까지 손이 가기 위해서는 약간의 미디어 제한이 필요합니다. 저희 가정은 평일은 하루 2시간, 주말은 하루 3시간으로 휴대폰 사용 시간을 제한하고 있습니다. 그 이상 사용하면 자동으로 차단되는 프로그램을 활용하고 있어요. 미디어 사용을 스스로 절제할 수 없는 시기에 최소한의 개입은 필요하다고 생각합니다. 이 시간도 솔직히 많다고 생각합니다만, 제 기준에서 최대치를 허용하며 제한하고 있습니다.

미디어를 자유롭게 허락하자는 분들은 청학동에서 아이를 키울 게 아니라면 시대의 흐름에 맞게 놔두어야 한다고 말합니다. 그러나 휴대폰과 책 중에 고르도록 하는 환경은 영양가 있는 시골 밥상과 달콤한 아이스크림을 같이 제공하는 것과 같습니다. 아이스크림의 달콤한 맛을 즐기기 시작하면 아무리 시골 밥상이 영양가 있다고 해도 아이들은 손을 대지 않을 것입니다. 미디어를 달콤한 '사탕 상자'에 비유하는 분도 있습니다. 식탁 위에 사탕 상자를 항상 올려 두면서 '절대 먹지 마!'라고 말하는 건 아이들에게 잔인한 일이겠죠. 사탕을 먹지 않게 하려면 상자를 치우는 것이 가장 확실한 방법입니다.

사실 미디어 제한이 가장 힘든 사람은 바로 부모입니다. 휴대폰이라는 육아 도우미가 없다면 아이들과 놀아 주거나 책을 읽어 주거나 대화를 하면서 시간을 보내야 하기 때문입니다. 또한, 어른임에도 휴대폰을 자제하기 어려워 수시로 메시지를 확인하지 않으면 불안한 부모들도 많습니다. 저부터도 의미 없이 메시지를 확인하고, SNS에 업데이트된 내용이 없나 둘러보고, 이메일도 열어 볼 때가 있습니다. 아이들은 부모의 이런 모습을 그대로 보고 배웁니다.

부모가 종일 TV를 보고 휴대폰을 손에서 놓지 못하면서 아이들만 제지하면 미디어 제약의 효과가 없습니다. 같이 노력해 나가야 할 부분입니다. 독서로 아이들을 초대하기 위해선 미디어의 유혹을 차단하는 것, 아이들을 심심하게 하는 것, 심심하다 못해 책을 펼치게 하는 것 외에는 방법이 없습니다.

한자의 기초,
쓰지 못해도 OK

20여 년 전 워드 프로세서 1급 시험을 치러 간 적이 있습니다. 당시에는 워드 프로세서 급수가 임용 고사에서 가산점이 있었기에 본 시험이었죠. 시험장에 갔는데 같이 시험을 치르는 수험생 중에 초등학교 1학년, 심지어 유치원생까지 있어 깜짝 놀란 기억이 있습니다. 너무 황당해서 아이를 기다리는 한 어머니께 물어보았죠. '여기 어린아이들이 왜 이렇게 많아요?' 그분은 대뜸 이렇게 말했습니다. '이것만 하면 다행이게요? 한자 급수 시험장에 가면 유치원생, 초등학생이 바글바글해요.'

당시 대학생이던 저는 유치원생, 초등학생이 도대체 한자 급수 시험을 봐서 어디에 쓸까 궁금했습니다. 하지만 저도 아이를 낳고 키우다 보니 알게 되었습니다. 유치원 때부터 아이에게 한자를 가르치는 부지런한 엄마들이 꽤 많다는 걸요. 실제로 초등 1~2학년 중 한자 급수 시험을 보는 아이들이 꽤 됩니다. 시험은 아니더라도 한자 학습지를 하는 아이들도 많습니다. 아시다시피 학습지는 한자를 기본 획수부터 차근차근 쓰도록 안내합니다. 한자 쓰기 테스트도 있다고 합니다.

한자 공부, 너무 부담 갖지 마세요

결론부터 말씀드리면 국어 공부를 위해 기초 한자를 알아야 하는 것은 맞지만, 너무 일찍부터 한자를 가르칠 필요는 없습니다. 특히 초등학교 3학년 이전에 한자를 가르치는 것은 큰 효과를 보기 어렵습니다. 다른 아이들보다 한자를 더 많이 안다고 해서 국어 어휘력이 뛰어난 것도 아닙니다. 그 시기에 사용하는 어휘, 학교 교과서에 나오는 어휘는 한자어가 많지 않습니다. 게다가 초등 저학년 때 한자를 많이 배워도 중도에 멈추면 금방 잊어버립니다. 그렇다고 6년 내내 한자를 가르치는 것도 비효율적이지요. 오히려 일찍부터 한자 쓰기를 강요받던 아이는 한자를 싫어하게 되거나 엄마와의 사이만 나빠질 가능성이 있습니다.

제가 생각하는 한자 교육의 적기는 초등 5~6학년부터 중학교

1학년까지입니다. 제 아이도 5학년 말부터 한자 학습지로 한자 공부를 시작했습니다. 큰아이의 경우, 5세부터 초등학교 2학년까지 미국에서 살았기 때문에 한국어에 더 취약했습니다. 초등학교 2학년으로 한국 학교에 돌아왔는데 한국을 떠날 당시인 4~5세 한국어를 구사하고 있었으니 한자어로 된 어휘를 가르쳐야겠다고 판단한 겁니다. 한자의 기초가 아예 없는 상태에서 한 일(一)부터 진도를 나갔습니다. 그래도 꾸준히 2년을 하고 나니 응용할 수 있는 수준의 한자어를 꽤 알게 되었습니다. 2년 정도 공부하고, 중학교 1학년 때는 한자를 따로 공부하지 않았는데 중학교 2학년 첫 한자 시험에서 무리 없이 100점을 맞았습니다. 중학교 내신 시험에서 요구하는 한자의 난이도는 이 정도 수준입니다. 고등학교 국어 어휘력을 생각해도 이 정도 수준이면 충분합니다. 한자 급수로 따지면 7급 정도 수준의 한자어를 읽을 수 있으면 괜찮습니다.

한자를 익히는 다양한 방법

둘째와 셋째 아이는 한국에서 자랐기에 일상적인 한국어 어휘를 사용하는 데 문제가 없습니다. 이 아이들은 한자 학습지를 따로 시키지 않을 계획입니다. 단, 한자를 쓰지는 못해도 각 한자의 의미는 알고 있는 것이 어휘력에 좋다고 생각해, '고피쉬(Go Fish)'라는 교육용 보드게임을 종종 합니다. '고피쉬' 보드게임은 한자만이 아니라 영어 단어, 속담, 사자성어, 한국사, 사회 등 다양한 종류가 있습니다. 이 게임을 하면서 아이는 "수레 차(車) 있어?"라고 말하며 한자의 모양을 익힙니다. 재미있게 한바탕 게임을 하고 나면 한자의 음과 뜻을 알게 되고 모양까지 눈에 익힐 수 있어 재미있게 한자를 접하는 데 매우 유용합니다.

사실 퇴근하고 집에 오면 이도 저도 귀찮아서 보드게임을 가져오는 아이들이 그리 반갑지는 않습니다. 하지만 아이들이 한 판만 더 하자며 계속 조르는 걸 보면, 이 게임의 재미는 확실히 보증할 수 있습니다. 중고등학생 중에도 학기 말 진도가 끝나고 여유가 있는 시기면 다양한 주제의 '고피쉬' 게임을 즐기는 친구들이 많습니다.

한자를 익히는 다른 방법으로 아예 붓글씨(서예)를 쓰게 하는 것도 좋습니다. 제가 어린 시절만 하더라도 곳곳에 서예 학원이 있었습니다. 당시에는 주산, 바둑, 서예가 인기 있는 학원이었습니다. 저도 가족 중 서예 학원을 운영하는 분이 계셔서 자주 놀러 가서 붓글씨를 쓰곤 했습니다. 한창 장난을 치다가도 먹을 갈고 붓글씨를 쓰는 순간에는 숙연하게 집중했던 기억이 납니다.

서예 덕분에 저도 학창 시절에 한자를 친숙하게 받아들였고, 국어와 한자 시험에도 도움이 되었습니다. 서예는 한자를 접할 수 있다는 장점 외에도 아이들을 차분하게 하고, 집중력을 길러 주는 좋은 활동입니다. 요즘은 벼루에 먹을 갈아서 붓글씨를 쓰는 게 아니라 물만 묻혀서 글씨를 연습하는 특수한 종이도 판매합니다. 한지도 필요 없고, 먹물이 옷에 튈 염려도 없이 물만 마르면 무한 반복해서 글씨 연습을 할 수 있습니다.

군이 외워서 한자를 쓰지 못해도 괜찮습니다. 이 정도 수준에서 한자를 재미있게 접하면 충분합니다.

초등 논술 학원 고민

입시만 놓고 본다면 논술 학원이 반드시 다녀야 하는 필수 학원은 아닙니다. 그러나 글 쓰는 연습을 꾸준히 할 때의 유익함은 매우 큽니다.

예전에는 학생들이 영어, 수학 위주로 학원에 다녔다면, 요즘은 중학생 때부터 국어, 과학 학원에 다니는 아이들이 꽤 많습니다. 수능이 어려워졌고(실제로 킬러 문항이 많아졌습니다), 등급을 가르는 상대 평가 과목이 포함되는 고 1 성적이 대부분 대입에 직결되기 때문입니다. 막상 중학교에서도 내신 시험을 치르기 시작하면 논술 학원까지 시간을 내서 다니기가 쉽지 않습니다. 논술을 공부한다면 그 이전에 해야 합니다. 제가 생각하는 논술 연습의 적기는 초등학교 4학년부터 자유학기(학년)제[1]를 실시하는 중학교 1학년까 지입니다.

논술 공부에도 적기가 있다

'논술'이란 본래 자신의 생각을 논리적으로 펼치는 글쓰기입니 다. 저학년 시기에는 아직 논리적으로 사고하는 힘이 부족할 뿐더 러 한 편의 글을 써내는 것이 발달 단계상 맞지 않습니다. 초등 저 학년까지는 집에서 짧은 일기를 쓰거나 간단한 감상문 쓰는 정도 로도 충분합니다. 여기에 더해 문장 부호 쓰기, 맞춤법에 맞게 쓰 기, 글씨를 큼직하고 보기 좋게 쓰기 정도에 신경 써서 연습시키시 면 됩니다. 저학년 시기에는 쓰기보다 읽기가 훨씬 중요합니다.

이 시기 국어에 흥미를 불러일으키는 책으로 《읽으면서 바로 써 먹는 어린이 시리즈》(파란정원)를 추천합니다. 초등학교 1학년인 막 내는 시리즈의 '맞춤법' 책을 읽고선 저에게 맞춤법 퀴즈를 내며 즐거워했습니다. 맞춤법만이 아니라 사자성어, 속담, 관용어 등을 재미있게 익힐 수 있으며, 만화가 재미있어 키득거리며 읽다 보면

---

1 학생의 잠재력 및 자기 주도적 학습 능력을 키우기 위해 중학교에서 한 학기 또는 두 학기 동안 지식·경쟁 중심에서 벗어나 학생 참여형 수업을 실시하고 이와 연계한 다 양한 체험 활동을 편성, 운영하는 교육과정입니다.

자연스레 내용이 기억나는 책이기에 유익합니다. 아이들은 책에서 익힌 속담을 글에 인용하기도 하고, 관용어를 일상생활에서 시의 적절하게 활용하기도 합니다. 이렇게 저학년 때 논술에 필요한 역량을 조금씩 익히다가 고학년이 되어 본격적으로 '서론-본론-결론'의 구성이 있는 한 편의 글을 쓰는 연습을 합니다.

초등 고학년이 되어도 막상 글을 어떻게 시작하고 마무리해야 하는지 모르는 친구들이 많습니다. 일기 같은 가벼운 수필과 달리 설명하는 글이나 주장하는 글은 구성 방식에 맞게 글을 써야 합니다. 제가 논술 학원 교사로 근무하던 시절, 글쓰기를 배워 본 적이 없는 신입생이 들어오면 가장 먼저 교육했던 것이 서론, 본론, 결론을 쓰는 방법이었습니다. 두서없이 글을 쓰던 학생들도 어떻게 3단 구성을 갖추어 글을 쓰는지, 구성마다 어떤 내용을 써야 하는지 알려 주면 800~1200자 논술 정도는 어렵지 않게 써내는 것을 보았습니다.

글쓰기가 어렵다면 논거 찾기 게임과 토론부터

이과 성향이 강한 남학생들은 글을 길게 쓰는 것을 어려워합니다. 하지만 자신의 주장에 대해 논리를 찾는 활동은 비교적 재미있어 합니다. 예를 들어, 초등학생 수준에서 '사형 제도에 반대한다.'

라는 논제가 있을 때 처음부터 원고지를 주고 글을 쓰라고 하면 학생들은 쓸 말이 없다고 합니다. 그냥 '사형 제도 나빠요. 사람을 죽이는 건 나쁘니까요. 누구나 실수할 수도 있잖아요.' 정도의 주장을 하고 더는 할 말이 없다고 펜을 놓아 버리지요.

학생들은 게임이나 경쟁을 좋아합니다. 이럴 땐 찬성과 반대 두 팀을 나누어 주장에 대한 논거 찾기 게임을 합니다. 같은 팀 친구 여러 명이 머리를 맞대고 왜 사형제에 찬성(혹은 반대)하는지 근거를 찾고, 근거가 더 많은 팀에게 간단한 간식 보상을 하는 방식입니다. 이렇게 게임을 통해 주장에 대한 논거가 풍성해지면 다시 팀을 나누어서 토론을 진행합니다.

토론할 때는 자신이 근거를 찾은 쪽의 주장만 하게 하지 말고, 불시에 팀을 바꿔서도 진행해 봅니다. 예를 들어, 사형 제도 찬성측에서 논거를 마련했다가 실제 토론에서는 반대 측 입장으로 토론을 해 보는 겁니다. 처음에는 당황하고 우왕좌왕하다가도 이렇게 불시에 입장이 바뀔 수 있다는 사실을 알게 되면 예상되는 반론에 대해 더 철저히 준비하게 됩니다. 실제로 저도 이런 경험을 한 적이 있습니다. 대학 토론 수업 중에 '안락사 반대' 입장에서 입론서를 작성하면서 '안락사 찬성' 입장에 대해 전혀 공감하지 못하다가 불시에 팀이 바뀌고 '찬성' 주장을 해야 하게 되면서 오히려 사고가 한층 유연해졌습니다.

제가 임용 고사를 치르기 전 근무했던 논술 학원에서는 토론 주제의 배경지식을 공부하는 수업에서 논거 찾기 활동을 마친 후 한 달에 한 번 토론을 진행했습니다. 워크북으로 진행하는 수업에는 심드렁하던 아이도 토론하는 날은 손꼽아 기다렸습니다. 활기차게 자신의 의견을 이야기하는 아이들을 보며 어린아이들도 나름의 생각이 있고, 이를 표현하길 즐긴다는 것을 새삼 깨달았습니다. 이렇게 토론까지 진행한 후 같은 주제로 글쓰기를 하면 신기한 광경이 펼쳐집니다. 아이들은 1,200자 논술 원고지를 순식간에 채우고, 더 할 말이 많은데 원고지가 부족하다며 요약해서 정리하는 모습까지 보입니다.

꾸준히 토론하고 글쓰기 하는 것은 초등 시기에 매우 유익합니다. 단순히 작문 실력이 늘 뿐만 아니라 토론을 준비하며 다양한 제재의 글을 읽고, 다른 친구의 의견을 경청하고, 발표하는 기회가 배움의 과정이 됩니다. 논술 교사로 근무하던 당시 미혼이었던 저는 나중에 아이를 낳게 되면 논술 수업만큼은 꼭 받도록 해야겠다고 생각했습니다. 가르치는 학생들이 시간이 갈수록 발전하는 모습이 눈에 확연히 보였기 때문입니다.

논술 학원에 보낼 수 없다면

그 시절 생각과 달리 저는 제 아이들을 논술 학원에 보내지 못했습니다. 아이들이 논술 학원에 대한 거부감이 심했기 때문입니다. 친구들과 토론도 하고 재미있게 배경지식을 쌓아 가길 기대했는데 아이들 성향이 따라 주지 않았고 사교육에 대한 부담도 있었습니다. 사정이 이렇다 보니 집에서 시도해 보기로 했습니다. 논술 교재를 개인적으로 구매하여 아이들과 대화를 나누었습니다. 다양한 사회 주제에 대해 아이들의 생각을 묻고, 배경지식을 같이 찾아보는 것만으로도 아이들은 흥미를 느꼈습니다. 나중에야 이러한 대화 방식이 유대인들이 가정에서 실천하는 하브루타식 질문법이라는 것을 알게 되었습니다.

학원을 보내면 부모가 따로 챙기지 않아도 꾸준히 논술 수업을 할 수 있다는 장점이 있습니다. 그러나 학원에 보내기 어렵다면 부모, 형제들과 다양한 주제로 토의하고 본인의 생각을 표현하도록 집에서도 훈련할 수 있습니다. 가족 간의 소통이라는 측면에서 볼 때 오히려 가정에서 하는 질문과 대화의 장점이 큽니다.

물론 중고등학교에 진학한 후에는 논술이나 토론에 시간을 할애하기가 현실적으로 어렵습니다. 내신 지필 평가 대비, 수행 평가 대비, 고등 과정 예습만 하기에도 물리적으로 시간이 부족합니다. 따라서 중고등학교 시기에는 논술을 따로 시간을 내서 하기보다 다양한 비문학 제재를 접하면서 배경지식을 늘려가는 것이 '입시'라는 현실적 장벽을 고려할 때 더욱 유익합니다.

간혹 대입 '논술 전형'을 염두에 두고 논술 공부를 한다는 학생들도 있는데 논술 전형은 경쟁률이 매우 높습니다. 로또 전형이라는 말이 나올 정도입니다. 6장의 수시 카드 중에서 하나의 기회로 생각하고 써 보는 사례는 있어도 논술 전형에 올인하는 것은 위험합니다. 따라서 초중등 시기부터 논술 전형을 위해 따로 시간을 할애하여 학원에 다닐 필요는 없습니다.

더구나 초등, 중등에서 하는 논술 공부는 대입 논술 전형 준비와는 차원이 다릅니다. 대입에 논술 전형이 확대된다는 뉴스가 나오면 초등부터 논술 사교육 열풍이 부는 일이 많았는데, 이는 논술 전형의 본질을 모른 채 휩쓸리는 것입니다.

초중등에서 논술 교육은 사고력을 기르고 배경지식을 쌓는 데 도움이 되는 공부인 반면, 입시에서의 논술 전형은 글쓰기 실력을 보는 것이 아니라 명확한 채점 기준으로 교육 과정 내의 지식을 묻는 시험에 가깝습니다. 교과 개념을 충실히 익히며 내신 시험과 수능 준비를 철저히 하다 보면 논술을 대비할 역량도 동시에 길러진다는 점을 염두에 두면 충분합니다.

어휘의 기초, 놀이로 쉽게

어휘력이 좋아지는 유일한 방법은 일상에서 다양하고 수준 높은 어휘에 많이 노출되는 것입니다. 초등 아이들이 다양한 어휘에 노출될 수 있는 방법에는 무엇이 있을까요?

우리가 일상생활에서 쓰는 어휘는 생각보다 많지 않습니다. 어떤 날은 아이와 나눈 대화가 '씻자, 밥 먹자, 숙제했니?'의 범위를 크게 벗어나지 않을 때도 있습니다. 다른 언어 자극이 필요하지요. 전문가들이 말하는 답은 한결같습니다. 바로 독서입니다. 책을 통해 일상어가 아닌 새로운 어휘, 특히 고급 어휘를 많이 접할 수 있기 때문입니다. 외국어를 배울 때 원서 읽기를 강조하는 이유도 그때문입니다. 국어라고 다르지 않습니다.

어휘력을 늘리는 기본, 독서

큰아이는 어린 시절에 미국에서 자랐습니다. 만 3세에 영어를 처음 접했고, 만 4세부터 영어책을 읽기 시작했습니다. 또래 미국 아이들은 한국 나이로 5, 6세가 되니 저희 아이와 비교도 안 되게 유창하게 말했습니다. 저희는 겨우 미국 생활 1년 차, 집에서는 한국말만 했으니 당연히 친구들보다 영어 어휘가 부족하다고 생각했습니다. 그런데 아이가 학교에서 돌아오더니 신기한 이야기를 해 주었습니다. "엄마, 학교에서 친구들이 모르는 단어가 있었는데 선생님이 나한테 설명해 주라고 하셨어."라는 겁니다. 그 단어가 뭐였냐고 하니 'hibernation(겨울잠)'이라고 했습니다. '겨울잠을 자는 동물'에 대한 책을 반복해서 읽은 후에 스스로 그 단어를 알게 되었다고 했습니다. 친구들은 미국 가정에서 자랐지만, 만 4세인 아이가 일상생활에서 '겨울잠'이라는 단어를 사용할 일이 별로 없었던 것 같습니다.

초등학교 1학년이 되자 사서 선생님은 책벌레인 저희 아이에게 도서 대출 권수 제한을 무제한으로 풀어 주셨고, 덕분에 아이는 매주 50권 이상의 책을 읽었습니다. 집에서는 한국어만 사용했지만, 초등학교 1학년 1학기를 마치고 한국에 돌아와서 테스트를 해 보니 미국 초등학교 6학년의 어휘 수준으로 결과가 나왔습니다. 슬프게도 그 후로는 영어 공부를 따로 하지 않아 아직 비슷한 수준에 머물러 있지만, 지금까지도 영어 학원에 다니지 않고 독서만으로 독해 실력을 유지하고 있습니다. 큰아이를 보며 어휘력 신장을 위해서는 독서가 유일한 길이라는 확신이 더욱 확고해졌습니다.

한국어도 영어와 마찬가지입니다. 독서를 통해 꾸준히 새로운 어휘에 노출시켜야 합니다. 독서와 함께 요즘은 영상도 활용해 볼 만 합니다. 지나친 미디어 사용만 주의한다면 영어를 배울 때처럼 다양한 영상을 보여 주는 것도 어휘력 측면에서 보면 괜찮습니다. 가끔 초등학교 1학년 막내딸이 말도 안 되게 어려운 단어를 사용할 때가 있습니다. '그 말은 또 어떻게 알았어?'라고 물으면 어김없이 '유튜브에서 봤지', 혹은 '드라마에 나왔어'라고 합니다. 한 번 들은 어려운 한자어도 아이들은 기가 막히게 써먹습니다. 오빠들이 있어서 또래 아이들이 즐겨 보는 것보다 어려운 영상에 노출될 기회가 많은데 그 과정에서 자연스럽게 새로운 어휘를 습득하게 되었습니다.

놀이를 통해 키우는 어휘력

독서와 영상 노출 방법 외에도 놀이를 통해 새로운 어휘를 접하게 할 수 있습니다. 대표적인 놀이가 '끝말잇기'입니다. 저는 장거리 여행을 할 때 교통 체증이 있거나 아이들이 지루해하면 '끝말잇기'를 자주 합니다. 처음에는 쉬운 단어로 시작했더라도 같은 단어를 반복하면 안 되는 게임의 규칙 때문에 뒤로 갈수록 일상에서 쓰지 않는 어려운 단어가 나오게 됩니다. '각성(覺醒) – 성과(成果) – 과업(課業) – 업무(業務)'처럼 한자어를 이어가는 경우도 흔합니다. 이럴 때 아이들은 엄마가 '각성!'이라고 외치는 순간 '그게 뭔데?' 라고 묻습니다. 정말 있는 말인지 확인을 하고 넘어가야 게임에서 이길 수 있기 때문입니다. 그런 순간 설명을 해 주고 예문까지 들어 줍니다. 설명까지 채 1분도 걸리지 않지만, 신기하게 다음에 다시 끝말잇기를 하면 아이들은 그 단어를 꼭 다시 써먹습니다. 게임을 이기기 위한 아이템(새 단어)이 생겼기 때문에 본능적으로 수집하고 기억합니다.

아이들이 흥미를 갖는 보드게임을 활용하는 방법도 있습니다. 한글을 습득하지 못한 유아들은 '라온(코리아보드게임즈)'이라는 보드게임을 통해 한글을 익힐 수 있습니다. 한글을 이제 막 익히기 시작한 7~8세 아이들이 즐겁게 할 수 있는 게임입니다. 초등학생은 '스토리큐브(컴퍼니오름)'라는 보드게임을 활용하여 이야기를 만들어 볼 수 있습니다. 주사위를 굴려 다양하게 이야기를 만드는 게임으로 창의력을 키우는 데 도움이 됩니다.

초등 고학년이나 중등 학생들에게는 '딕싯(코리아보드게임즈)' 게임이 유명합니다. 계속 말을 하고, 생각하여 말하도록 유도한다는 점에서 의사소통 능력과 사고력을 키우기 좋은 게임입니다. 저는 특히 '딕싯'을 중고등학교 학기 말 수업에 많이 활용했는데 학생들의 반응이 좋았습니다. 심심할 때면 삼 남매와도 함께합니다. 가정에서도 자녀들과 함께 어른까지 즐길 수 있어 추천하는 게임입니다.

어휘력 일취월장을 위한 책

아예 어휘력을 위한 문제집을 따로 보는 방법도 있습니다. 독서 맥락, 문맥 속에서 어휘를 알아 가는 것이 효과적이라고 생각하기에 처음부터 권하는 방법은 아니지만, 아이가 책을 싫어하거나 어휘 수준을 짧은 시간 안에 끌어 올려야 한다면 차선으로 고려해 볼 수 있습니다.

교과서에 많이 나오는 빈출 어휘만 정리해 놓은 문제집도 있고, 학생들이 어려워하는 개념어만 모아 놓은 참고서도 있습니다. 책을 즐겨 읽지 않는 아이라면 어휘 문제집을 꾸준히 풀려서라도 공부의 기본기를 탄탄하게 다져야 합니다.

우리 사회에 문해력이라는 화두를 던진 방송이 있습니다. EBS 다큐멘터리 〈당신의 문해력〉(책으로는 《EBS 당신의 문해력(공부의 기초 체력을 키워 주는 힘)》)을 보면 사회 시간에 수업 내용을 전혀 이해하지 못하던 아이들에게 해당 단원의 단어를 먼저 가르치는 장면이 나옵니다. 어휘를 먼저 가르친 결과, 학생들이 내용을 이해하고 흥미 있게 수업에 참여하게 되었다는 변화를 의미 있게 다루었지요. 이렇게 어휘를 먼저 공부하는 것은 모든 교과 공부에 효과적입니다.

개념어 문제집을 따로 푸는 것이 부담스럽다면 전자사전을 항상 곁에 두고 모르는 단어를 찾아보는 습관을 들이는 것이 좋습니다. 종이로 된 국어사전은 찾는 데 시간이 많이 소요되기 때문에 공부 시간이 길어질 수 있고, 휴대폰 사전 앱은 간편하지만 사용하다가 샛길로 빠질 수 있는 유혹이 되지요. 사전을 활용한다면 전자사전이 적절합니다. 이를 통해 단어의 뜻을 '정확하게' 확인하고, 어떤 상황에서 그 단어를 사용하는지 예문까지 꾸준히 정리해 둔다면 어휘 확장에 큰 도움이 될 것입니다.

독후 활동으로
독서 영역 확장하기

학창 시절 가장 하기 싫었던 단골 숙제로 '독후감 쓰기'를 꼽는 이들이 많습니다. 지금도 마찬가지입니다. 독후감 숙제를 내 주면 아이들은 읽던 책도 던져 버리고 싶다고 할 정도로 몸서리를 칩니다. 숙제로 다가오면 독서는 빨리 해치워야 할 과업이 되고, 책 읽는 순간을 온전히 즐길 수 없기 때문입니다. 물론 독후감을 잘 쓴 친구에게 상을 주거나 독서 통장에 찍힌 도장을 모아 오는 친구에게 상을 주면 일시적인 동기 유발은 될 수 있겠지요. 그러나 근본적인 동력은 되지 못합니다. 어떤 학생은 책을 읽지 않는 이유를 '읽으면 독후감을 써야 하니 그게 싫어서'라고 말하기도 합니다. 책을 읽는 만큼 보상이 따라온다고 해도 당근이 사라지는 순간 책을 읽어야 할 이유가 사라지고, 보상 대신 숙제만 있다면 더더욱 책을 멀리하게 되겠지요.

독후 활동은 반드시 흥미를 고려해야

독후 활동은 반드시 학생의 흥미를 고려해야 합니다. 독후감을 써야만 독후 활동이 완성되는 것은 아닙니다. 특히 초등 저학년 때 억지로 글쓰기를 시키는 것은 독서나 작문에 대한 반감을 갖게 할 수 있습니다. 물론 글쓰기를 좋아하는 친구라면 주인공에게 편지 쓰기, 뒷이야기 이어 쓰기 등 학생의 흥미를 고려하여 다양한 독후 활동을 시도할 수 있습니다. 이를 통해 책에 대한 이해도 깊어지고 작문 실력도 향상될 수 있지요. 그러나 글쓰기를 싫어하는 아이라면 다른 방법이 필요합니다.

책 한 권에 대한 독후 활동을 넘어 또 다른 책으로 독서를 지속시키고, 관심 분야에서 또 다른 분야로 범위를 확장시키는 독서를 하려면 어떻게 해야 할까요?

저는 남자아이 둘을 키우다 보니 평범한 아이들이 얼마나 독후감 쓰기를 싫어하는지 잘 알고 있습니다. 큰아이도 책은 좋아했지만 쓰는 것을 싫어해서 엄마가 국어 교사임에도 글쓰기를 거의 해보지 않았습니다. 그러나 독서를 지속할 수 있었던 비결은 아이의 흥미에 민감하게 반응하고, 다양한 자극을 주려고 노력했기 때문입니다.

예를 들어, 남자아이들은 어릴 때 공룡에 엄청난 흥미를 보입니다. 혀 짧은 소리로 '찌라노짜우르스(티라노사우르스)', '쯔삐노짜우르스(스피노사우르스)'라며 어려운 공룡 이름을 어찌나 줄줄 잘 외우고 말하는지 모릅니다. 아이들이 공룡에 빠져 있는 시기에는 공룡이 나오는 동화책만 계속 고릅니다. 이때 일시적으로 편독을 해도 걱정할 필요 없습니다. 평생 공룡 책만 읽는 사람은 없으니 조바심 낼 필요가 없습니다. 저는 관심 분야의 책을 실컷 읽도록 했습니다. 그 무렵에는 아이가 좋아하는 공룡 박물관, 공룡 레스토랑에 방문하기도 했지요. 컴컴한 곳에 모형 용암이 흐르고, 공룡들이 울부짖고, 공룡 머리가 왔다 갔다 하는 곳에서 음식이 코로 들어가는지 입으로 들어가는지도 모른 채 식사를 했습니다. 이런 경험은 또 다른 공룡 책, 화석 책까지 계속 찾아 읽도록 하는 동기 부여가 되었습니다.

다른 장르로 재창작된 작품을 감상하는 것도 훌륭한 독후 활동

공룡 시기를 지나 《윔피키드 다이어리(Diary of Wimpy Kid)》에 빠져 있을 무렵에는 원작을 기반으로 한 영화를 찾아 보여 주었습니다. 영화를 보며 책에 나온 표현이 어떻게 영상으로 만들어졌는지 비교도 해 보고, 영어가 어떻게 한국어로 번역되는지까지 확장하며 감상할 수 있었습니다. 이처럼 책을 먼저 읽은 후 다른 장르의 같은 작품을 감상하는 것도 훌륭한 독후 활동이 됩니다.

아이들이 좋아하는 동화 《마당을 나온 암탉》(황선미)도 애니메이션, 연극, 뮤지컬 등 다양한 장르로 재창작되고 있습니다. 로알드 달의 《마틸다》, 《찰리와 초콜릿 공장》처럼 아이들에게 인기가 있는 책도 영화로 제작되어 있어 독후 활동으로 재미있게 활용할 수 있습니다. 이렇게 작품의 매력에 빠진 아이들은 시키지 않아도 작가의 또 다른 작품에 흥미를 느껴 스스로 찾아 읽는 열혈 독자가 됩니다.

그림을 좋아하는 친구라면 일러스트레이터 장 줄리앙의 전시회에 다녀오고, 이후 작가의 그림책을 찾아 읽을 수도 있을 것입니다. 원서를 찾아 읽으면 예술에서 영어까지 독서 영역을 확장할 수 있으며, 기발한 상상력을 키우기에도 효과적입니다.

게임을 좋아하는 친구라면 게임 '마인크래프트'의 다양한 활용법이 담긴 《마인크래프트》 책부터 읽히는 것도 방법입니다. 어떤 재료를 써서 건축해야 하는지 그림 위주로 보여 주는 책, 건축물을 설명하기 위해 주석 형태로 서술하는 책으로, 정보를 제공하는 일종의 비문학 책이라고 할 수 있습니다. 마인크래프트 세계에서 벌어지는 모험을 다룬 소설도 있습니다. 게임에 등장하는 캐릭터들이 소설에 등장해 흥미로운 이야기를 펼쳐 나가는 내용으로 게임을 좋아하는 아이들에겐 재미를 보장합니다. 이 게임을 콘셉트로 초등 필수 과학 지식을 전달하는 백과 책도 있습니다. 하나의 게임을 넘어 전 세계인들이 사랑하는 콘텐츠로 확장되어 책을 싫어하는 친구들도 푹 빠져 읽을 수 있는 책들입니다.

이처럼 독후 활동으로 독후감만이 아니라 아이들이 즐거워하는 다른 장르의 콘텐츠 체험이나 연관 활동을 하는 것도 가능합니다. 무엇보다도 독후 활동은 아이들의 호기심을 계속 자극하여 또 다른 독서로 이어지는 견인 역할을 하는 것이 중요합니다.

초등 국어에서 가장 중요한 읽기와 쓰기

　초등 국어 교육과정에서 가장 중요한 부분은 단연 '읽기와 쓰기'입니다. 물론 듣기와 말하기도 중요합니다만, 읽기와 쓰기는 독해력을 기본으로 하는 학과 공부와 수행 평가 등에 직접적인 영향을 미칩니다. 또한 읽기와 쓰기 활동은 특별한 노력을 기울이고 시간을 투자하는 만큼 학년이 올라갈수록 실력의 차이가 두드러집니다. 꾸준히 읽고 쓰는 훈련을 하면 실력이 차곡차곡 쌓이고, 결국 입시에서도 남다른 국어 실력을 발휘할 수 있습니다. 초등 시기부터 읽기와 쓰기 역량을 확실하게 키워 놓는 것이 다른 무엇보다 중요한 이유입니다.

초등 과정 문해력 교육 강화

초등학교 저학년에서 가장 많이 수업하는 과목은 바로 '국어'입니다. 수학 256시간에 비하면 무려 두 배 가까이 됩니다.(표 참조) 중학년, 고학년에서도 '국어' 과목의 시간 배당이 압도적으로 많은데, 그 이유는 당연히 중요성 때문입니다.

〈2022 개정 교육과정 초등학교 편제 시간 배당 기준[2]〉

구분		1~2학년	3~4학년	5~6학년
교 과 (군)	국어	국어 482	408	408
	사회/도덕		272	272
	수학	수학 256	272	272
	과학/실과	바른생활 144	204	340
	체육	슬기로운 생활 224	204	204
	예술(음악/미술)		272	272
	영어	즐거운 생활 400	136	204
창의적 체험활동		238	204	204
학년(군)별 총 수업 시간 수		1,744	1,972	2,176

2022년 개정 교육과정에서 주목할 점이 바로 문해력 교육이 대폭 강화되었다는 점입니다. 초등학교 1~2학년의 국어 시수가 기초 문

---

2   교육부 고시 제2022-33호[별책 1] 초·중등학교 교육과정 총론 17쪽

해력 교육 강화로 34시간 늘어났으며, 국어 사용 능력과 수리 능력의 기초가 부족한 학생들을 위해 기초 학습 능력 향상을 위한 별도의 프로그램을 편성 · 운영할 수 있다는 지침도 포함되었습니다.

1학년 학생의 경우 학교생활 적응 및 한글 교육 등 입학 초기 적응 프로그램을 교과와 창의적 체험 활동 시간에 진로 연계 교육으로 운영합니다. 즉, 초등학교 교육과정 내에서 한글 교육, 문해력 교육을 책임지고 하겠다는 의미이므로 미취학 학생이 완벽하게 읽고 쓰지 못한다고 해도 크게 걱정하지 않으셔도 됩니다. 받침까지 완벽하게 쓰지 못하던 아이들도 입학 후 한글, 문해력 교육으로 기초 능력을 배우고 잘 적응할 수 있습니다. (물론 교육과정은 이렇게 되어 있지만, 자녀가 입학하는 초등학교가 아이들이 대체로 한글을 떼고 오는 분위기라면 아이가 자신감을 가지고 학교 생활을 할 수 있도록 입학 전에 가정에서 미리 한글 공부를 시작하는 것도 좋습니다. 친구들이 다 알고 있는 것을 혼자 모르는 상황에 예민한 아이라면 스트레스를 받을 수도 있기 때문입니다.)

국어 공부는 다른 공부에도 영향을 줍니다. 최상위 수학을 하기 위해서도 국어 실력이 필요합니다. 어려운 사고력 수학 문제일수록 긴 문장을 독해하고 식을 세워 문제를 풀어야 합니다. 과일을 깎는다고 가정할 때, 국어를 잘하는 친구들은 날이 좋고 잘 드는 과도를 사용하는 셈입니다. 12년 동안 사용하는 도구를 갈고 닦는 시간이 바로 초등 시기이며, 이 시기에 대한 올바른 이해가 진학의 캐스팅 보트가 됩니다.

초등 읽기와 쓰기 학년별 성취 기준

　다음 장의 표는 초등 국어 교육과정 중 읽기와 쓰기 영역의 학년별 성취 기준으로, 교과 위계에서 가장 중요하다고 판단하는 부분만 요약해서 표로 정리한 것입니다.

　이 중에서도 특히 관심을 기울여야 할 부분에 강조 표시해 두었습니다. 나머지 성취 기준은 소홀히 대해도 된다거나 듣기 · 말하기 등의 다른 기능이 중요하지 않다는 의미는 아닙니다. 지면의 한계상 국어 공부의 로드맵에 있어 중요하다고 판단한 읽기와 쓰기 영역을 중심으로 강조할 부분만 다룬 것이니 참고해 주시길 바랍니다.

　이 표를 자세히 살펴보면, 1~2학년은 문장 단위에서, 3~4학년은 주로 문단 단위에서, 5~6학년은 글 전체 단위에서 성취 기준이 작성된 것을 확인할 수 있습니다. 가정에서 아이의 글쓰기를 지도하며 분량을 얼마나 쓰도록 해야 하는지 고민이 될 때는 이 기준을 따르시면 됩니다.

　초등학교 1~2학년 아이들은 글씨를 이해하고 짧은 문장 몇 개를 쓸 수 있으면 이미 성취 기준을 달성한 것입니다. 그래서 이때 강조하는 것이 '3줄 쓰기'와 같이 짧은 문장을 매일 꾸준히 작성하는 활동입니다.

　3~4학년 아이들은 '문단' 수준의 글을 읽고 쓸 수 있어야 합니

〈2022 개정 교육과정 초등 국어 '읽기'와 '쓰기' 영역 학년별 성취 기준〉

	읽기	쓰기
1~2학년	[2국02-01] 글자, 단어, 문장, 짧은 글을 정확하게 소리 내어 읽는다. [2국02-02] 의미가 잘 드러나도록 문장과 짧은 글을 알맞게 띄어 읽는다.	[2국03-01] 글자와 단어를 바르게 쓴다. [2국03-02] 쓰기에 흥미를 가지며 자신의 생각이나 느낌을 문장으로 표현한다.
3~4학년	[4국02-01] 글의 의미를 파악하며 유창하게 글을 읽는다. [4국02-02] 문단과 글에서 중심 생각을 파악하고 내용을 간추린다. [4국02-03] 질문을 활용하여 글을 예측하며 읽고 자신의 읽기 과정을 점검한다. [4국02-04] 글에 나타난 사실과 의견을 구분하고 필자와 자신의 의견을 비교한다.	[4국03-01] 중심 문장과 뒷받침 문장을 갖추어 문단을 쓰고, 문장과 문단을 중심으로 고쳐 쓴다. [4국03-02] 절차와 결과가 드러나게 정확한 표현으로 보고하는 글을 쓴다. [4국03-03] 대상에 대한 자신의 의견과 그렇게 생각한 이유가 드러나게 글을 쓴다.
5~6학년	[6국02-01] 글의 구조를 고려하며 주제나 주장을 파악하고 글 내용을 요약한다. [6국02-02] 글에서 생략된 내용이나 함축된 표현을 문맥을 고려하여 추론한다. [6국02-03] 글이나 자료를 읽고 내용의 타당성과 표현의 적절성을 평가한다. [6국02-05] 긍정적인 읽기 동기를 형성하고 적극적으로 읽기에 참여하는 태도를 기른다.	[6국03-01] 알맞은 내용을 선정하여 대상의 특성이 나타나게 설명하는 글을 쓴다. [6국03-02] 적절한 근거를 사용하고 인용의 출처를 밝히며 주장하는 글을 쓴다. [6국03-05] 쓰기 과정을 점검·조정하며 글을 쓰고, 글 전체를 대상으로 통일성있게 고쳐 쓴다. [6국03-06] 쓰기에 적극적으로 참여하며 자신의 글을 독자와 공유하는 태도를 지닌다.

다. 아시는 것처럼 '문단'이라는 것은 단순히 문장을 여러 개 나열해 놓은 것이 아닙니다. 하나의 문단에는 중심 문장이 있고, 뒷받

침 문장이 중심 문장을 구체적으로 설명하면서 유기적으로 연결되어 있어야 합니다. 고등학생 중에도 문단을 어떻게 나누어야 하는지 정확히 모르는 친구들이 많습니다. 아예 문단 구분 없이 글을 쓰거나 분량을 늘리려고 아무 곳에서나 문단을 나누는 학생들이 부지기수입니다. 따라서 이 시기에는 하나의 문단을 명료하게 쓰는 방법을 가르쳐야 합니다.

5~6학년부터는 '전체 글' 수준의 글을 읽고 쓸 수 있습니다. 전체 글은 문단의 단순한 조합이 아닙니다. 모든 문단은 글 전체의 주제를 향하고 있어야 하는데, 이를 글의 '통일성'이라고 합니다. 어른이 쓴 글도 '도대체 무슨 말을 하고 싶은 거야?'라는 생각이 들 때가 종종 있습니다. 통일성을 갖추어 완결된 글 한 편을 완성하는 것은 생각보다 쉽지 않습니다.

논술 교육은 초등 고학년 이상부터

이런 이유로 저는 논술 교육의 적기를 '초등 고학년 이상'으로 봅니다. 초등 고학년부터 서론-본론-결론의 구조를 갖춘 글을 직접 써 보는 연습이 필요합니다. 완성된 글을 쓴 후에 문단의 순서를 재배열해 보고, 통일성에 어긋난 문단은 삭제하는 등 퇴고의 과정을 거치면서 스스로 완성도 높은 글을 써 보는 경험이 매우 중요합니다.

만약 쓰기 활동을 너무 싫어하는 학생이라면 초등 시기에는 좋은 글을 계속 읽도록 격려하면서 쓰기 부담을 잠시 내려놓아도 괜찮습니다. 저희 큰아이가 초등학교 시절에 글 쓰는 것을 너무도 싫어했습니다. 일기 한 편 쓰는 것도 부담스러워하고 매일 쓸 말이 없다고만 했습니다. 다행히 책 읽기는 좋아하는 편이라 당시에는 쓰기 부담을 내려놓고 읽기에만 집중했습니다. 놀랍게도 중학생이 될 무렵부터 갑자기 긴 글을 쓸 수 있게 되었습니다. 생각보다 수준이 괜찮았습니다. 많이 읽다 보니 논리적인 구조를 갖추어 적절한 분량의 글을 써낼 수 있게 된 것입니다.

아이가 쓰기를 싫어한다면 지나치게 걱정하거나 억지로 글을 쓰도록 강요하지 마시고, 읽기에 집중하거나 재미있는 주제의 짧은 글쓰기를 시키셔도 좋습니다. 인풋(Input, 읽기)이 충분히 쌓여 있으면 아웃풋(Output, 쓰기)은 어느 순간 나오게 되어 있습니다.

초등 1~2학년: 바르게 쓰고 또박또박 읽기

바른 모양과 순서로 글씨 쓰기

저학년 시기에 가장 집중하여 지도해야 할 부분은 '바르게 쓰기'와 '또박또박 읽기'입니다. 저희 큰아이는 한글을 일찍 깨쳤습니다. 글자를 스스로 터득해서 읽는 모습이 기특하기도 하고, 둘째가 생겨 제가 정신이 없다 보니 4~5살 무렵부터는 혼자서 책을 봐도 내버려 두게 되었습니다. 묵독으로 글을 훑어 읽으니 다른 아이들보다 빠르다는 생각에 '쓰기'까지 시킬 엄두는 내지 않았습니다. 당시 외국에서 유치원과 초등학교 1학년을 다녀 한글 교육에 더 무관심했던 것 같습니다.

시련은 초등학교 2학년부터였습니다. 한국의 학교로 전학을 오게 되었는데 이 시기의 아이들이 책을 술술 읽는 것은 물론, 문장을 거침없이 쓴다는 사실에 매우 놀랐습니다. 당시 전학 절차를 밟으며 아이가 한글로 쓰는 문제를 모두 0점을 받아 당시 교무부장 선생님으로부터 학년을 낮춰서 1학년으로 입학시키라는 청천벽력 같은 조언을 듣기도 했습니다. 우여곡절 끝에 다행히 제 학년으로 들어가긴 했지만, 아이는 초등학교 2학년이면서도 글씨를 쓸 때 왼손으로 종이를 잡아야 한다는 사실도 모를 만큼 쓰기가 엉망이었습니다.

반면 작은 아이는 레고 조립에만 관심이 있고, 한글을 배우는 속도가 더뎠습니다. 초등학교 입학 직전까지도 글자에 관심을 보이지 않아서 할 수 없이 7세 후반에 한글 학습지를 시작했습니다. 한자, 한 자 정확하게, 글자를 쓰는 순서까지 체계적으로 공부하면서 시간이 좀 걸리긴 했지만 둘째의 글씨는 바른 모양으로 자리를 잡았습니다.

저는 적기에 제대로 가르치는 것이 얼마나 중요한지 두 아이를 보면서 깨달았습니다. 언어적인 재능이나 이해력은 첫째가 비교할 수 없을 정도로 빨랐지만 제 시기에 제대로 가르치지 않아서 큰아이는 중학생이 된 지금도 글자를 쓸 때 획순이 엉망입니다. 당연히 글씨체도 예쁘지 않고 속도가 느려 수행 평가를 볼 때마다 글씨 모양도 신경 쓰며 제한 시간을 맞추느라 고생하고 있습니다.

어른들도 운동을 처음 배울 때 자세를 잘못 배우면 고치는 데 더 많은 시간과 노력이 필요하다고 합니다. 조금 느리게 배우는 것 같아도 초등학교 1, 2학년까지는 바른 모양과 순서로 글자를 쓰도록 지도하는 것이 중요합니다.[3] 글씨체가 굳어지면 성인이 되어서도 고쳐 줄 수 없으며, 나중에 중고등학생이 되어 수행 평가를 볼 때 날아가는 글씨체를 알아보기 어려워 점수가 깎일 수도 있습니다.

원고지 사용법 익히기

원고지 사용법을 익히는 것도 이 무렵에 하면 좋습니다. 초등학교 3학년만 되어도 원고지처럼 칸칸이 줄이 나누어진 공책을 쓰지 않습니다. 줄글로 된 공책에 쓰다 보면 띄어쓰기를 제대로 했는지, 문장 부호를 원고지 형식에 맞게 썼는지 확인하기 어렵습니다. 초등 1~2학년은 그림일기 숙제를 하더라도 원고지처럼 한 칸 한 칸 글자를 쓰도록 공책이 구성되어 있습니다. 받아쓰기도 마찬가지입니다. 따라서 문단의 처음은 띄어쓰기, 단어와 단어는 띄어쓰기, 물음표(?)와 느낌표(!)는 한 칸을 차지하도록 쓰기, 반점(,)과 온

---

3   2022 개정 교육과정 성취 기준 [2국(2학년 국어-이하 생략)03-01] **글자와 단어를 바르게 쓴다.**

점(.) 뒤에는 한 칸 띄지 않기 등 기본적인 원고지 사용법을 익히면 좋습니다.

일기를 꾸준히 쓰면 외우지 않아도 자연스럽게 문장 부호나 원고지 사용법을 익힐 수 있습니다. 중학교에 가면 대부분 논술형 평가를 원고지 형식에 써야 하는데 처음 배울 때 정확하게 알아 두어야 헷갈리지 않습니다. 여기에 덧붙여, 일기를 쓸 때는 일상에 대한 짧은 글을 쓰면서 간단히 본인의 생각을 문장으로 표현하는 연습을 하도록 합니다.[4]

소리 내어 읽기, 낭독 효과

묵독으로 읽을 수 있는 아이라도 책을 읽을 때는 크게 소리 내어 읽도록 하는 것이 좋습니다.[5] 소리 내서 또박또박 읽는 훈련을 하면 소리와 표기가 다른 것을 스스로 인지하고 정확한 소릿값을 내게 됩니다. 글을 잘 읽는 아이도 소리 내어 읽도록 하면 의외로

---

4 2022 개정 교육과정 성취 기준 [2국03-02] 쓰기에 흥미를 가지며 자신의 생각이나 느낌을 문장으로 표현한다.

5 2022 개정 교육과정 성취 기준 [2국02-01] 글자, 단어, 문장, 짧은 글을 정확하게 소리 내어 읽는다.

발음이 뭉개지거나 연음되는 단어를 끊어 읽는 경우가 있습니다. 성인들도 스피치 훈련을 받거나, 혹은 아나운서나 성우가 되기 위해 준비하는 과정에서 연필을 물고 발음 연습부터 하는 모습을 보셨을 겁니다. 아이들도 연습을 통해 정확한 발음을 낼 수 있습니다. 큰 소리로 읽는 연습을 한 친구들은 발표할 때도 자신 있게 하지만, 속으로만 글을 읽던 친구들은 발표할 때 적절한 성량을 내는 것을 어려워합니다. 발표 상황 자체도 긴장되는데 '뭐래? 안 들려요.' 하는 친구들의 부정적인 반응까지 나오면 발표에 대한 자신감을 잃기 쉽습니다.

소리를 내서 읽는 것은 또한 집중력을 높여 줍니다. 글 내용에 집중하기 어려워하는 저학년 친구들, 고학년이라도 집중력이 떨어지는 친구들에게 낭독은 효과가 좋습니다. 책 읽기가 어려운 친구들도 반복하여 소리 내어 읽도록 하면 본인의 목소리를 통해 내용을 이해하게 됩니다. 이는 읽기보다 듣기 능력이 발달한 친구들에게 특히 효과가 좋습니다. 문해력이 떨어지는 학생들에게 쉬운 동화책을 소리 내어 읽어 주면 집중하여 내용을 곧잘 이해하기 시작합니다.

초등 1~2학년 때는 큰 욕심을 내지 말고, '바르게 쓰고 또박또박 읽기'라는 기본부터 확실하게 지도하는 것이 좋습니다.

초등 3~4학년: 중심 문장과 내용 찾기

문단과 글의 중심 내용 파악하기

초등 중학년 시기는 공부의 수준이 갑자기 올라가는 시기입니다. 수학에서는 이 무렵부터 수포자가 생긴다고 합니다. 오죽하면 초등 3~4학년 공부 뇌가 대학을 결정한다는 식의 무서운 제목을 가진 책들이 많이 나올까요. 국어도 수준이 확 달라집니다. 초등 1~2학년 때는 글자를 배우고 문장을 나열하는 수준이었다면 3학년부터는 사실과 의견을 구분하고, 중심 문장과 뒷받침 문장을 갖추어 문단을 쓰는 수준[6]까지 올라갑니다.

문단과 글의 중심 내용을 파악하는 것은 사실 고등 비문학 독해까지 이어지는 중요한 개념입니다. 아무리 긴 글도 문단의 중심 내용을 찾아낼 수 있다면 쉽게 요약하고, 전체 내용을 빠르게 이해할 수 있습니다. 그렇다면 어떻게 중심 문장이나 내용을 찾도록 훈련할 수 있을까요?

첫째, 좋은 글을 읽으며 중심 문장 찾는 연습을 합니다. 중심 문장과 뒷받침 문장이 잘 조화를 이루고 있는 글의 대표적인 예는 기사문입니다. 기사문을 읽고 난 후 문단별로 가장 중요하다고 생각하는 중심 문장에 밑줄을 긋는 연습이 도움이 됩니다.

저는 중학생들을 가르칠 때도 NIE(신문 활용 교육) 활동을 자주 했습니다. 한국언론진흥재단에서 운영하는 e-NIE 사이트(http://enie. forme.or.kr)에 가입하면 신문, 방송 뉴스를 날짜별로 볼 수 있습니다. 키워드로 뉴스를 검색해도 되고 NIE 활동지를 받아서 흥미 있는 기사를 읽어도 됩니다. 예를 들어 '메타버스'를 검색하면 활동지에 키워드와 관련된 기사 3~4개와 함께 기사문을 읽고 풀어 볼 수 있는 학습 활동까지 제시해 줍니다. 유료 논술 교재를 별도로 구매하지 않아도 무료로 이용할 수 있는 신문 기사 보물 창고입니다. 이곳에서 기사를 찾아 꾸준히 문단별 중심 내용을 찾는 활동을

---

6 2022 개정 교육과정 성취 기준 [4국02-04] 글에 나타난 **사실과 의견을 구분**하고 필자와 자신의 **의견을 비교한다.**
2022 개정 교육과정 성취 기준 [4국03-01] **중심 문장과 뒷받침 문장을 갖추어 문단을 쓰고, 문장과 문단을 중심으로 고쳐 쓴다.**

하거나 중심 내용을 바탕으로 요약하면서 비문학 독해 능력을 키울 수 있습니다.

둘째, 동화책을 읽은 후 내용을 요약해서 말해 보도록 합니다. 저는 1학년 막내에게도 《푸른 사자 와니니》라는 제법 글밥이 긴 동화책을 한 장씩 읽어 준 후 내용을 말해 보도록 합니다. 동화책은 앞에서 다룬 것처럼 재미있는 내용이어야 동기 유발이 쉽습니다. 내용을 말해 보도록 하는 것은 사실 부모가 시키지 않아도 아이들이 자발적으로 하고자 하는 경우가 많습니다. 저도 호기심에 아이가 읽고 있는 책의 내용을 물어보았다가 아이가 신나서 10분이나 내용을 늘어놓는 바람에 너무 피곤하여 도망치듯 자리를 피한 경험이 있습니다. 사실 말하는 것보다 듣는 것이 훨씬 어렵습니다. 그래도 들어 주고 적극적으로 질문해 줄 때 아이들은 독서와 독후 활동에 즐겁게 참여합니다.

구체적인 질문으로 대화 나누기

책을 읽고 나서 '이건 어떤 내용이야?'라고 물었을 때 전체 줄거리를 술술 이야기하는 아이도 있고, 뭘 어떻게 말해야 할지 모르는 아이도 있습니다. 대답을 바로 하지 못할 때는 구체적으로 질문하면 좋습니다. 예를 들면, '주인공이 누구니? 가장 중요한 사건은 뭐

였니? 다음 작품에는 어떤 내용이 이어지면 좋겠어? 책 속에서 너와 닮은 인물(혹은 전혀 다른 인물)이 있니? 주변에 책 속 인물과 비슷한 인물이 있을까?'와 같이 구체적으로 질문하면 아이가 좀더 쉽게 대답할 수 있습니다.

대화를 이끌어 나가기 어렵다면 수업 교구로 개발된 '독서 질문 카드' 등을 활용하는 것도 방법입니다. 영화를 보고 나서도 영화에 대해 깊이 있게 이야기 나눌 수 있는 질문 카드(〈무비 토크(Movie Talk 질문 카드〉 등)가 시중에 나와 있으니 이를 활용할 수도 있습니다. 학교에서 매체 논술 수업을 진행하거나 선택 독서 활동을 진행한 후 구술 평가를 할 때 저도 이런 카드를 활용합니다. 이렇게 전체 내용을 요약하며 듣고 말해 보는 활동은 읽기 역량뿐만 아니라 말하기 역량까지 키울 수 있는 좋은 방법입니다.[7]

아이가 단답형으로만 대답한다면 부모가 주어와 서술어를 갖춘 완성된 문장으로 다시 한번 확인해 주는 것도 좋습니다. 예를 들어 '어떤 장면에서 가장 긴장됐니?'라고 질문했을 때 아이가 '사자가 나올 때'라고 짧게 대답했다면 '사자가 돌아간 줄 알았는데 갑자기 튀어나와서 긴장했구나.'라는 식으로 주어와 서술어를 갖춘 문장

---

7 2022 개정 교육과정 성취 기준 [4국01-01] **중요한 내용과 주제를 파악하며 듣고 그 내용을 요약한다.**
2022 개정 교육과정 성취 기준 [4국02-02] **문단과 글에서 중심 생각을 파악하고 내용을 간추린다.**

으로 구체적인 내용을 덧붙여 자주 들려줍니다. 그러다 보면 어느새 아이도 완성된 문장을 사용하여 구체적으로 자기 생각을 말하게 됩니다.

실제 대화에서 우리는 많은 문장 성분을 생략하여 말합니다. 계속 생략된 문장만 사용하다 보면 필수 성분이 생략된 문장을 들어도 어느 부분이 이상한지 알아채지 못하게 됩니다. 정확한 문장을 자주 들은 친구들은 틀린 문장을 들었을 때 이상함을 감지합니다. 언어적인 예민함이 생기는 겁니다. 이런 친구들은 국어 문법 시간에 문법을 따로 공부하지 않아도 직감적으로 틀린 문장을 완벽하게 구별해 냅니다.

예를 들어, '주다'라는 서술어가 있다면 '누가, 누구에게, 무엇을'이라는 3개의 성분이 필수적으로 함께 필요하다는 점을 바로 알아챕니다. 이는 바로 문장에서 서술어가 필요로 하는 문장 성분의 개수를 말하는 '서술어 자릿수' 개념에 해당합니다. 이에 반해 생략된 문장(구어체)만 듣던 친구들은 '누구에게'라는 부사어가 없어도 전혀 이상하게 여기지 않습니다. 완전한 문장으로 구체적으로 질문하고 답하는 활동은 읽은 내용을 정확하게 듣고 이해하는 데만이 아니라 문장을 정확히 말하고 쓰는 데도 도움이 됩니다.

초등 5~6학년: 다양한 매체 경험과 미디어 리터러시 역량 키우기

매체 자료와 배경지식 활용하기

초등 고학년부터는 '매체 자료 활용'이라는 역량이 추가됩니다.[8] 4학년까지 본인의 생각을 표현하는 활동이 중요했다면 고학년부터는 자신을 둘러싼 세계 및 매체에 대한 이해와 비판적 사고가 중

---

[8] 2022 개정 교육과정 성취 기준 [6국06-01] 정보 검색 도구를 활용하여 자신의 목적에 맞는 매체 자료를 찾는다.
2022 개정 교육과정 성취 기준 [6국06-02] 뉴스 및 각종 정보 매체 자료의 신뢰성을 평가한다.
2022 개정 교육과정 성취 기준 [6국06-03] 적합한 양식과 수용자의 반응을 고려하여 복합양식 매체 자료를 제작하고 공유한다.

요해집니다. 단순히 자신의 주장을 늘어놓는 것이 아니라 배경지식을 찾아보고, 매체 자료를 활용하여 주장의 타당성과 적절성을 판단해야 합니다. 발달 단계상으로도 비판 의식이 급격하게 성장하는 시기입니다. 빠른 아이들은 사춘기가 시작되는 시기이기도 합니다.

아무 말 없이 부모를 따라나서고 순응하던 아이들이 '왜 그래야 하는데?', '난 다르게 생각하는데!'라고 삐딱선을 타기 시작합니다. '삐딱하다'는 것은 좋게 말하면 타인의 생각이나 매체를 비판적으로 해석할 수 있는 능력이 생겼다는 의미입니다. 이런 비판 의식은 학습적인 성장만이 아니라 사회 안에서 살아가기 위해서도 매우 중요한 역량입니다. 제대로 된 비판 의식이 있어야 과대 광고에 속지 않고, 가짜 뉴스와 진짜 뉴스를 구분하며, 타인의 옳지 않은 주장에 흔들리지 않을 수 있습니다.

이러한 비판 의식을 키우기 위해 '미디어 리터러시' 역량을 키워야 합니다. 미디어 리터러시는 미디어 콘텐츠를 비판적, 분석적으로 이용할 수 있는 능력입니다. 안타깝게도 우리나라 학생들은 디지털 정보의 사실과 의견을 구분하는 능력이 OECD 회원국 중 최하위라고 합니다.[9]

하루에도 수많은 영상이 생산되고 가짜 뉴스가 난무하는 사회

---

9 OECD 2021년 〈국제학업성취도평가(PISA) 21세기 독자: 디지털 세상에서의 문해력 개발 보고서〉 중

에서 미디어 리터러시 교육의 중요성은 더욱 부각되고 있습니다. 2022 개정 교육과정에 '문학과 영상', '매체 의사소통' 과목이 신설되었는데, 이러한 사회 분위기 속에서 미디어 리터러시 교육 확대를 위한 방책으로 짐작됩니다.

초등 5~6학년 시기의 아이들에게 비판 의식을 키워주기 위해 다음과 같은 활동을 해 볼 수 있습니다. 바로 두 개의 칼럼을 비교하는 활동입니다. 같은 내용을 다루고 있으나 관점에 따라 다르게 쓰인 글들이 꽤 많습니다. 예를 들어 '베이비박스'라는 주제를 다루고 있어도 어떤 관점에서 쓰였느냐에 따라 내용이 전혀 달라질 수 있습니다. 학생들이 직접 두 글을 비교하여 읽으면서 어떤 부분이 사실이고, 어떤 부분이 의견인지 구분하고 비판할 수 있어야 합니다. 관련 주제로 토론까지 해 보면 좋습니다. 초등 고학년은 아직 시간 여유가 있고 비판적 사고가 발달하는 시기로, 독서 토론과 논술을 본격적으로 시작할 적기입니다.

다양한 매체 제작 경험해 보기

중학교 진학 전에 매체 제작을 시도해 보는 것도 좋습니다. 가장 흔히 사용하는 발표용 PPT 만드는 법을 비롯하여 동영상 편집하는 방법도 알아 두면 중학교에 올라가 수행 평가를 할 때 큰 도움이 됩니다. 중학교 수행 평가에는 대체로 학생들의 발표가 포함됩니다. 교사가 발표와 관련한 내용은 가르치지만, 시간 관계상 매체를 제작하는 것까지 친절하게 알려 주긴 어렵습니다. 스스로 PPT를 만들고 다양한 편집 프로그램을 활용하여 결과물을 만들어 내야 하는데, 여러 과목의 수행 시기가 겹치다 보면 급하게 배우기가 쉽지 않습니다.

제가 추천하는 프로그램은 '블로(VLLO)'라는 편집 앱입니다. 최근 국어 교과에서 '책 영상 만들기' 활동을 진행할 때 이 앱을 사용하여 조별 영상을 만들었는데, 초보자들도 며칠 만에 그럴듯한 결과물을 만들어 낼 수 있었습니다. 이외에도 다양한 앱이나 프로그램을 조금씩 다루면서 시도해 보길 권합니다. 사용법이 간단하고 배우기 쉬운 편집 앱이나 프로그램이 생각보다 많습니다.

학생들은 대체로 영상 만들고 편집하고 공유하는 활동을 재미있어합니다. 방학을 활용하여 가족 여행이나 행사 등을 영상으로 촬영해 편집해 보는 활동도 추천합니다. 추억도 쌓고, 영상 제작 경험도 해 볼 좋은 기회입니다. 이런 활동을 통해서 적성을 발견하고 진로를 정하는 친구들도 많으니 초등 시기에 최대한 다양한 경험을 쌓을 수 있도록 지원하세요.

초등부터 비문학 독해 연습을 시켜야 할까요?

선행을 시작하는 시기가 빨라지고 있습니다. 영어는 초등학교 때 끝내야 중학교 때 고등 수학까지 선행할 시간을 확보할 수 있다고들 합니다. 사교육 중심지, 일명 학군지에서는 초등 고학년 학생들이 고등학교 수학 문제를 풀기도 합니다. 영어와 수학을 중심으로 하던 것을 요즘은 국어까지 확대하는 분위기입니다. 우후죽순 늘어나는 국어 · 논술 학원 중에는 초등학생을 대상으로 하는 곳이 많습니다. 수능 변별력이 국어에 있고, 국어가 워낙 어려워졌다고 하니 조바심이 나서 어려서부터 시키는 것 같습니다.

솔직히 말하면 국어는 영어나 수학과 다릅니다. 영어는 새로운 언어를 받아들이는 과정이기에 어려서 시작하면 좋을 수 있습니다. 영유아 때부터 영어로 된 만화 영상에 노출시키는 등 재미있게 선행을 시작할 수 있고, 조기 교육의 효과도 좋은 편입니다.

수학은 위계화된 학문이기에 능력이 된다면 선행도 괜찮습니다. 수학에 특화된 영재들의 경우 수학 문제 풀기에 스스로 흥미를 느끼고, 초등학생이 대학 수학 문제를 풀어 내는 사례도 종종 소개됩니다. 하지만 국어는 좀 다릅니다. 입시 국어의 최종 목적지인 수능 문제 수준으로 보면, 국어 선행은 현실적으로 불가능합니다.

영어 문제는 단어를 100% 알고, 해석과 추론을 해낼 수 있으면 초등학생이라도 절대 평가에서 고 1 수준의 모의고사는 1등급을 받을 수 있습니다. 그러나 초등학생에게 국어를 선행시켜 고등학교 모의고사 1등급을 받게 하기는 매우 어렵습니다. 지문을 해석하기 위해 고도의 사고력, 추론 능력이 필요하기 때문입니다. 더구나 요즘의 수능 국어는 다른 교과에 대한 지식까지 알아야 내용을 정확하게 이해할 수 있는 지문이 출제됩니다. 영어와 수학을 선행할 수는 있어도 사회, 과학, 도덕, 음악 등 모든 교과에서 배우는 핵심 내용을 선행하기는 불가능합니다.

이렇게 교육 과정 내 모든 교과의 배경지식을 갖춘 상태에서 고도의 추론 능력, 논리적인 사고력을 동원하여 문제를 풀어야 하니 국어 선행은 쉽지 않습니다. 그런 능력은 적어도 중학생쯤은 되어야 자연스럽게 생깁니다. 그러니 국어는 아무리 일찍 시작한다고 해도 전체적인 학업 역량이 적정 수준에 도달하기 전에는 선행의 효과를 보기 어려운 것입니다.

그럼 초등 시기에는 어떻게 비문학 독해를 준비할 수 있을까요? 다양한 제재의 글을 많이 읽고 적극적으로 사고하는 활동이 가장 중요합니다. 기계적으로 문제를 많이 풀기보다 능동적으로 생각해야 사고력이 발달합니다. 따라서 이 시기에는 어려운 비문학 문제집을 풀리기보다 다양한 제재의 글을 읽고 토론하고 능동적으로 생각해 보는 훈련이 더욱 중요합니다. 여기서 한 가지 더 덧붙이자면, 글은 가능하면 긴 글이 좋습니다.

비문학 문제집은 지문 배치상 두 쪽을 넘지 않는 길이의 지문을 가져옵니다. 글의 호흡이 짧게 끊기는 것에 익숙해지면 맥락이 긴 글을 읽어 내기 어렵습니다. 그래서 초등 시기에 독해 문제집을 푸는 것보다 차라리 독서를 많이 하라고 권하는 것입니다. 과학적 호기심이나 창의력을 키워주는 체험 활동을 하면서 '이건 왜 그럴까?', '다르게 생각하면 어떨까?'라고 질문하며 지적 자극을 주는 것이 오히려 국어의 추론적인 사고력을 키우는 데 도움을 줍니다.

비문학 독해 대비를 위해 학원에 보내거나 문제집을 풀려야 한다는 강박에서 벗어나면 좋겠습니다. 독해의 논리력을 갖추기 위해 차라리 수학 공부를 열심히 해 논리적 사고력을 키우라고 조언을 하는 사람들도 있습니다. 학습으로서 비문학 독해를 본격적으로 시작할 시기는 청소년기입니다. 초등 시기에는 독서와 체험으로 사고를 확장하는 데에 중점을 두세요.

3부

중등 국어 공부 로드맵

본격 입시 레이스가 시작된다

입시 국어 정확하게 알기

아이가 중학교에 들어가면 부모님들이 '국어가 뭐가 이렇게 복잡하냐'라는 질문을 많이 하십니다. 저도 아이를 수학 학원에 보낼 때 기초 연산반, 사고력 수학반, 교과 수학반, 교구 수학반 등 세세하게 구분된 것을 보고 놀란 적이 있습니다. 영어 학원도 어휘반, 독해반, 문법반, 리스닝반, 회화반 등이 운영되더군요. 이를 보며 '도대체 요즘 애들은 몇 개 과목을 공부하는 걸까?'하는 생각을 하기도 했습니다.

중학교부터는 국어 공부 역시 본격적으로 입시를 염두에 둔 방향으로 가게 되지요. 이에 따라 입시와 관련한 국어 교과 영역의 특징에 대해 전반적으로 이해할 필요가 있습니다. 기능적인 측면에서 국어는 듣기·말하기, 읽기, 쓰기로 영역을 나눕니다. 여기에 문법, 문학, 매체(2022 교육과정에 추가)까지 포함하여 크게 6개의 영역으로 구분됩니다. 각 영역은 입시에서 '화법(듣기·말하기)과 작문(쓰기)', '읽기(비문학)', '문학', '언어와 매체(문법, 매체)'로 평가하는데 이는 고등학교 2~3학년의 일반 선택 과목이기도 합니다. 2022 개정 교육과정에서는 이 6개 영역을 조금 달리 조합하여 '화법과 언어(듣기·말하기, 문법)', '독서와 작문(읽기, 쓰기)', '문학'을 일반 선택 과목으로, '매체 의사소통'을 융합 선택 과목으로 따로 두었습니다.

이러한 국어 교과의 영역 구분 속에서 입시를 위한 수능 국어 영역이 어떻게 구성되고 어떤 부분에 중점을 두어야 하는지 큰 틀을 알아야, 뒤에 입시 준비를 위한 시기별 공부법을 이해할 수 있습니다. 이를 위해 지금부터는 조금 지루한 설명을 하겠습니다.

입시 국어 영역의 구성 알기 [1]

'화법과 작문'은 '듣기·말하기, 쓰기'와 관련된 영역으로 수능

---

[1] 2022 교육과정의 적용을 받는 2025년 고 1학생들이 수능을 보는 2028 수학능력시험에 대해서는 2028학년도 대입 개편안이 발표되지 않은 시점이기에 아직 구체적인 방향을 알 수 없습니다. 이에 따라 여기서는 2015 교육과정의 적용을 받는 현 입시(2027년 수능까지 적용)의 관점에서 입시 국어에 대해 설명하겠습니다.

선택 과목입니다. 말을 얼마나 잘하고, 글을 얼마나 잘 쓰는지 객관식 문제로 어떻게 측정할 수 있을까요? 수험생을 불러서 직접 쓰고 말하게 할 수 없으니 화법과 작문의 원리를 묻는 내용을 출제합니다. 화법이라면 대화, 토론, 협상, 면접, 발표, 연설 등에 관한 내용을, 작문이라면 정보를 전달하는 글쓰기(정보의 선별과 조직), 작문의 맥락, 소개하는 글쓰기, 보고하는 글쓰기(절차와 결과), 건의하는 글쓰기, 친교 표현의 글쓰기 등에 관한 내용을 문제로 냅니다. 이것이 비문학 문제와 비슷하다고 생각해서 따로 공부하지 않고 시험을 치는 학생들도 있습니다. 그러나 화법과 작문에도 자주 출제되는 개념이 있습니다. 이 개념의 틀을 가지고 지문을 읽으면 어떤 개념을 묻고 있는지 어렵지 않게 찾아낼 수 있습니다.

'읽기'는 수능 필수 과목인 '독서'에 해당합니다. 비문학 글을 얼마나 잘 읽는지 독해력을 측정합니다. 과학, 경제 지문 등 고난도 문항이 가장 많은 영역입니다. '문학'은 현대 시, 현대 소설, 고전 시가, 고전 소설, 갈래 복합 문제가 출제됩니다. 문학의 개념에 대한 정확한 이해를 바탕으로 시대별 작품을 충분히 공부해야 합니다. 독서(비문학)와 문학은 수능 필수 과목으로 4부 〈고등 국어 공부 로드맵〉에서 공부법을 자세히 다루고 있으니 참고하시기 바랍니다.

'언어와 매체'의 '언어'는 문법을 다루고, '매체'는 '인쇄, 전자, 대중 매체 및 복합 양식 매체' 등 다양한 매체를 토대로 사실적, 추론적, 비판적, 창의적 사고력을 측정합니다. 예를 들면 매체의 특성을 이해하고 있는지, 비판할 수 있는지, 미디어 자료를 해석할 수 있는지 등을 묻습니다. '언어'에 비해 '매체' 문제는 지문이 길어지는 추세라서 풀이에 시간이 걸리지만 어렵지는 않습니다.

수능 국어에서 '화법과 작문', '언어와 매체'는 선택 과목이므로 학생들은 어떤 과목을 골라야 할지 고민을 많이 합니다. 일반화하기는 어렵지만 보통 문법에 강한 상위권 이과 학생들이 '언어와 매체'를 선택하고, 문법을 어려워하는 문과 학생들이 '화법과 작문'을 선택하는 경향이 있습니다. 어떤 선택 과목을 택하느냐에 따라 유불리가 달라지는 측면이 있어서 그해 수능에 '언어와 매체'가 유리했다면 다음 해에 그 과목을 선택하는 학생이 쏠리는 등 변동이 많습니다. 그러나 이를 예측하기는 어렵습니다. 본인이 어떤 과목에 더 유리한지 고 1, 2 내신 시험과 모의고사를 통해 사전에 충분히 파악하는 것이 중요합니다. 이 부분은 4부 중 '화작과 언매, 어떤 선택이 유리할까?'를 참고하시길 바랍니다.

수능 국어 영역의 구성에 대해 한눈에 확인할 수 있도록 표로 정리해 보면, 전체적으로 아래와 같은 구성 체계를 따릅니다. 국어 영역의 응시 시간은 80분이고, 총 45문항을 풀어야 합니다. 이 중 선택 문제가 11문제(화법과 작문, 언어와 매체 중 택1), 공통 문제가 34문제(문학 17문제, 비문학 17문제)로 구성되어 있습니다.

80분이라는 시간제한 속에서 학생들은 선택 문제에 10~12분, 문학과 비문학에 각각 30~35분 정도를 할애하여 풀어야 합니다.

실제로 OMR카드에 마킹하고 검토하는 시간까지 고려하면 문제를 푸는 시간을 이보다 더 단축해야 하는 것이 현실입니다.

〈수능 국어 영역 구성 및 문항 수〉

	선택 (11문항/25%) 24점	화법과 작문	(둘 중 택1)
		언어와 매체	
국어 영역 (총 45문항) (80분) 100점	공통 (34문항/75%) 76점	문학 (17문항)	현대 시 현대 소설 고전 시가 고전 소설 극, 수필 (갈래 복합 1개 포함)
		독서(비문학) (17문항)	사회문화/인문예술/과학기술 (지문별로 5문항/6문항/6문항) (긴 지문 1개 포함)

정답률이 가장 낮은 비문학 영역

수능 국어 영역 중 최근에 가장 화두가 되는 것은 비문학(독서)입니다. 정답률이 가장 낮은 문항의 70~80%가 비문학 영역에서 나온다는 조사 결과 때문입니다. 이렇게 가장 어려운 영역으로 꼽히면서도 비문학은 학교 수업 시 진도를 가장 적게 나가는 부분이기도 합니다. 사실 독서(비문학)는 딱히 범위라는 것이 없고 다른 교과와 관련한 내용이 많아 국어 교사로서도 가장 가르치기 까다롭게 여기는 부분입니다. 국어 교사가 과학 지문을 활용하여 변형 출제를 해야 하니 혹시 오류가 생길까 조심스럽고 전공 내용이 아닌 제재를 설명할 때 부담스럽기도 합니다. 수업에 비문학 지문을 다룰 때면 학생들도 어려워하고 지루해하며 쉽게 집중하지 못하는 모습입니다. 이러한 이유로 가장 어려운 영역임에도 수업에서는 가장 적은 비중으로 다루게 됩니다. 학생들은 비문학을 거의 배우지 못한 상태로 계속 어려운 독서(비문학) 지문이 나온다고 생각해 더 어려워하는 악순환의 고리가 생깁니다.

사실 비문학 독해력은 우리 몸의 근육과 같아서 오랜 시간 꾸준히 훈련하고 연습하면 실력이 향상됩니다. 거꾸로 이야기하면 그 외의 영역인 문학이나 선택 과목인 화법과 작문, 언어와 매체는 독서에 비하면 비교적 단기간에 기초를 다질 수 있고 구체적인 로드맵이 있다고도 볼 수 있습니다. 답이 있는 문학과 선택 과목 공부, 답이 없어 보이지만 적절한 독해 훈련으로 답을 찾을 수 있는 비문학 공부, 모두 실력을 쌓을 나름의 방법이 있습니다. 3부와 4부에서는 중고등 시기별로 해당 공부법을 하나씩 차근차근 알려드리겠습니다.

중요한 수행 평가,
감점을 피하는 법

교과 영역이 세분화되는 것 이외에도 중학교에 오면 달라지는 것이 있으니 바로 수행 평가입니다. 학교 내신 성적에 갈수록 수행 평가 비중이 늘고 있습니다. 지필 평가는 여전히 선택형 문항의 비중이 높아서 학생들의 깊이 있는 사고력을 측정하기에 한계가 있습니다. 평소에는 공부하지 않고 놀다가 지필 평가만 잘 보면 좋은 결과를 얻으니 과정이 무시된다는 비판도 꾸준히 있었지요. 이에 대한 보완으로 요즘 강조되는 것이 사고력과 창의력을 측정하기에 적합한 과정 평가인 수행 평가입니다.

수행 평가에서는 평소 수업 시간에 얼마나 적극적으로 참여하는지를 발표 횟수에 따라 평가하기도 하고, 학습지를 얼마나 꼼꼼하게 잘 관리하는지 확인하기도 합니다. 평소 매 수업 시간 요구되는 활동을 성실히 해야만 좋은 평가를 받을 수 있습니다.

점점 늘어나는 수행 평가 비중

저는 요즘 유행하는 MBTI 성격 검사에 항상 ISFP가 나옵니다. 기본 동작이 '누워 있기'라고 우스갯소리를 할 정도로 게으름이 기본 성향입니다. 아이 셋을 키우고 직장 생활을 하다 보니 사회화가 되어 조금 나아지긴 했으나, 창의적으로 일을 빨리 해치운다는 소리는 간혹 들어도 꼼꼼함이나 성실함과는 거리가 먼 성향입니다. 학창 시절에 가장 어려워했던 일이 바로 준비물 챙기기, 필기하기였습니다. 공책은 끝까지 써 본 기억이 없고, 시험 직전이면 그동안 받았던 학습지나 공책이 어디론가 사라져서 쌍둥이 오빠의 학습지와 공책을 매번 복사해야 했습니다. 아마 그 시절에 수행 평가가 있었다면 저는 절대 좋은 성적을 받지 못했을 겁니다.

아이를 낳고 보니, 당연한 소리지만 저를 닮은 아이가 나왔습니다. '아, 맞다!'를 연발하며 들고 나간 우산이 없어져 당황하던 제 모습을 아이에게서 똑같이 봅니다. 자주 물건을 잃어버리고 꼼꼼히 챙기지 못하는 아들이 중학생이 되자 수행 평가가 너무 걱정되었습니다. 수행 평가를 망치면 지필 평가에서 아무리 만점을 받아도 학기 말 성적을 잘 받을 수 없기 때문입니다. 예전에는 수행 평가의 비중이 과목마다 20~30% 정도였는데 요즘은 40%~50%가 기본이고, 어떤 과목은 수행 100%로 점수를 산출하기도 합니다.

지필 평가에서 몇 문항 틀리는 것보다 수행 평가 감점이 타격이 더 큰 경우도 많습니다. 내용을 잘 알고도 수행 평가에서 감점을 받는 아이들은 대부분 꼼꼼하지 못하고 덤벙거리는 습관 때문입니다. 수학 문제를 풀 때 과정과 답을 모두 맞히고도 풀이 과정을 일부 건너뛰고 암산으로 대충 계산하여 적어 감점을 받는 식입니다. 국어 과목이라면 음운의 변동 과정 적기에서 최종 발음은 맞았으나 변동의 '과정'이 누락되는 경우, 적절한 예시를 들어 적으라고 했는데 '예시'를 빠뜨리는 경우 등이 해당합니다. 이처럼 평소 실력과 상관없이 감점되는 사례가 많습니다.

덜렁대는 아이 구출하기

저희 아이가 딱 그랬습니다. 초등학교 때 '남은 수박의 개수가 몇 개인가?'라는 문제에 풀이 과정과 답은 다 맞히고도 '딸기 5개'라고 써서 틀리기도 했습니다. 중학교에 들어와서는 '800자 이상 논술하시오'라는 문제의 조건을 대충 읽고 500자만 적었다가 기본 점수만 받은 일도 있습니다. 저를 닮은 아들이 중학교에 입학하자 수행 평가 걱정부터 든 건 어쩌면 당연했습니다.

수행 평가 감점을 막기 위해 제가 가장 먼저 준비한 것이 바로 '아코디언 파일'입니다. 하나의 파일에 10칸 정도 분류하여 A4용지(학습지)를 넣을 수 있는 파일을 구입한 후 칸마다 학급, 국어, 수학, 영어 등의 과목명 라벨을 붙여 주었습니다. 아이에게 "가방에는 무조건 이 파일이 들어 있어야 한다, '학급' 칸에는 담임 선생님이 주시는 통신문 등 자료를 넣고 각 과목 선생님이 주시는 자료는 해당 칸에 넣어야 한다"고 신신당부를 했습니다. 덕분에 아이는 학교에서 나누어 주는 자료를 한 장도 잃어버리지 않고 모두 관리할 수 있었고, 학습지 개수나 도장을 세어 평가하는 수행 평가는 모두 만점을 받을 수 있었습니다.

별것 아닌 것 같지만 적은 노력으로 큰 효과를 거둘 수 있는 방법입니다. 학생들은 나누어 준 학습지를 자주 잃어버립니다. 바로 지난 시간에 나눠 준 것도 다시 달라는 학생들이 3~4명쯤 됩니다. 30명 정원이라면 10% 넘는 학생이 습관적으로 분실한다는 의미입니다. 만약 이 학습지로 포트폴리오 평가를 한다면 이런 학생들은 열심히 수업을 듣고 필기를 해 놓고도 감점될 수밖에 없습니다. 어떤 교사는 아예 재배부는 하지 않는다는 원칙을 세우기도 합니다. 이미 배부한 학습지를 잘 챙기지 못한 것은 학생의 책임이고, 재출력을 하거나 학습지를 가지러 교무실을 오가는 것은 교사를 수업에 집중하지 못하게 하는 요인이 된다는 이유입니다.

평가 계획과 채점 기준을 확인하자

수행 평가를 볼 때는 학교 홈페이지에서 '평가 계획서'를 미리 출력하여 평가 요소를 같이 읽어 보는 것도 중요합니다. 만약 홈페이지에 평가 계획서가 없다면 '학교 알리미[2]'의 학교별 공시 정보를 통해 대략적인 평가 계획을 확인할 수 있습니다. (1학기는 보통 4월 이후, 2학기는 보통 9월 이후에 자료가 제출됩니다.)

교사가 수행 평가를 채점할 때는 결과물을 놓고 전체적으로 뭉뚱그려 평가하지 않습니다. 평가 기준을 미리 명확히 세워 놓고 세부 기준에 맞지 않게 적은 것만 감점하여 공정한 평가를 합니다. 예를 들어 '문학 신문 만들기'라는 수행 평가가 있습니다. 수행 평가의 평가 요소가 '문학의 4갈래를 모두 소개했는가?', '작품 소개 및 본인의 감상이 구체적으로 드러났는가?', '문학의 시대적 배경을 설명했는가?'라고 가정해 봅니다. 이때 어떤 학생들은 신문을 꾸미는 데 집중하여 위의 '평가 기준'을 놓치기도 합니다. 작가 사진을 오려 붙이고 예쁘게 꾸며 신문을 그럴듯하게 만들었더라도 수행 평가에서는 평가 요소를 충족하지 않으면 감점이 됩니다.

중학생인 첫째 아이가 수행 평가를 준비할 때면 저는 가장 먼저 아이와 함께 평가 계획과 채점 기준을 확인합니다. 교과 선생님이

---

2 학교 알리미(https://www.schoolinfo.go.kr/Main.do)

수행 평가 세부 안내를 할 때 학급 게시판에 공지하고, 반장이 메신저 단체 채팅방에 공유하는 경우가 많습니다. 학교 홈페이지에 평가 계획서를 공지했더라도 세부 평가 계획은 변경될 수 있고, 더 구체적으로 학급에 공지하는 경우가 있으므로 꼭 평가 직전 학급 공지를 다시 한번 확인하길 바랍니다.

조건을 모두 만족시켰는지 확인하기

조건이 있는 평가에서는 조건을 모두 충족하지 못할 때 감점이 됩니다. 조건에 맞추어 작성했는지 반드시 확인해야 합니다. 다음에 예시로 든 문제는 고등학교에서 수행 평가로 아이들에게 제시했던 문제입니다. 매체 논술로 중고등 과정 모두에 해당하는 내용이기에 여기 소개합니다. 문제는 수업 시간에 인종 차별을 다룬 영화를 감상하고 토론한 후 논술문을 작성하는 비교적 쉬운 내용이었습니다. 그런데 문제의 조건을 만족하지 못해 만점을 받은 학생이 많지 않았습니다.

학생 대부분이 시험지를 받으면 시간 내에 완성해야 한다는 압박감 때문에 조건을 꼼꼼히 읽지 않고 글을 작성하기 시작합니다. 결국, 〈조건1〉의 도덕 법칙을 아예 인용하지 않고 논술문을 작성하거나 〈조건2〉에서 둘 이상의 장면을 해석하라고 했는데 한 장면만 해석하여 많은 학생이 감점을 받았습니다. 이렇게 조건이 있는 문제가 나오면 시험지를 받자마자 조건부터 꼼꼼히 확인해야 합니다. 그런 후 대략적인 개요를 세우고 글을 쓰기 시작해야 제한된 시간 안에 글을 완성할 확률이 높아집니다.

문제. 작품에서는 아프리카계 미국인(흑인)에 대한 호의적인 편견(Benevolent prejudice)이 드러난다. 호의적인 편견이 인종 차별주의가 되는 이유를 논술하시오.

〈조건1〉 칸트의 도덕 법칙을 참고하여 쓰시오.

칸트의 도덕 법칙 "네 자신에게나 다른 사람에게 있어서 인격을 언제나 동시에 목적으로 대우하고 수단으로 대하지 말라." (Basic 고교생을 위한 윤리 용어사전, 2001. 12. 20., 강동효)

〈조건2〉 다음은 아프리카계 미국인(흑인)에 대한 호의적인 편견이 드러나는 장면이다. 다음 장면 중 두 가지 이상의 장면에 대한 해석을 포함하여 쓰시오.

(1) '로즈'의 아버지와 '크리스'가 대화를 할 때, '로즈'의 할아버지가 베를린 올림픽에서 아프리카계 미국인(흑인)에게 패배하고 히틀러의 아리안족 우월주의가 틀렸다는 것을 증명했다고 이야기하는 장면
(2) '로즈'의 남동생이 '크리스'와 격투기 이야기를 하며 '네 체형과 유전자 구성이라면… 나쁜 뜻이 아니라 완전 짐승이 될 수 있을 걸'이라고 말하는 장면
(3) '월터'가 밤에 혼자 달리기 연습을 하고, 장작을 패는 장면
(4) '로즈'의 집에 초대된 손님들이 '크리스'가 타이거 우즈처럼 골프를 잘 친다고 생각하거나 몸을 만지며 몸이 좋다고 칭찬하는 장면

요약하자면, 수행 평가 감점을 피하기 위해서는 다음과 같은 부분을 유의하여 관리하시기 바랍니다. 첫째, 아코디언 파일 등을 활용하여 학습지를 빠짐없이 잘 챙깁니다. 둘째, 평가 계획서를 미리 출력하여 평가 요소를 확인합니다. 셋째, 조건이 있는 평가에서는 조건을 꼼꼼하게 읽고 이를 모두 충족하여 답을 씁니다. 이런 기본적인 관리만 신경 써도 억울하게 수행 평가에서 감점을 받고 아쉬워하는 일을 크게 줄일 수 있습니다.

비문학을 접하고 시작할 시기

비문학 독해 훈련은 초등 시기부터 꾸준히 하면 좋습니다. 그렇다고 초등 시기부터 독해 문제집을 풀며 공부해야 하는 것은 아닙니다. 오히려 다양한 책을 읽는 것이 긴 호흡의 글을 읽는 힘을 길러 주기에 훨씬 좋습니다. 독서를 통해 긴 글을 읽어 낼 수 있는 독해력이 생긴 학생이라면 제시문의 짧은 글도 쉽게 이해할 수 있습니다.

초등 시기의 독해 훈련은 사실상 독서입니다. 만약, 독서 외에 다른 활동을 더 한다면 신문 활용 교육 NIE를 권합니다. NIE는 신문 기사를 읽고 연관 활동을 하는 교육법인데, 집에서 연계 활동까지 시키기 어렵다면 기사를 같이 읽고 함께 대화해 보는 것으로 마무리해도 괜찮습니다. 종이 신문을 구하기 어렵다면《행복한 NIE》(파우스트)와 같이 신문 활용 교육 내용이 담긴 책을 구입하여 활용하는 것도 가능합니다. 2부 〈초등 국어 공부 로드맵〉에서 추천한 e-NIE 사이트(http://enie.forme.or.kr/)에서 수업 지도안이나 자료들을 받아 활용할 수도 있습니다. 초등 시기에 시작한 독서와 신문 활용 교육은 중학교 시기에도 여전히 독해의 근육을 키우는 훌륭한 방법입니다.

독서와 신문 읽기 + 문제 풀이

중학교 시기가 되면 비문학 독서와 신문 읽기를 병행하면서 문제 풀이를 시작해도 좋습니다. 이때 비문학 문제 풀이를 너무 많이 할 필요는 없습니다. 오히려 독서를 열심히 한 학생들은 고등학교에 가서 비문학 독해를 시작해도 결과가 나쁘지 않습니다.

독서에 좀더 집중하고자 하는 의지가 있는 학생이라면 책따세(책으로 따뜻한 세상 만드는 교사들) 사이트(www.readread.or.kr)의 추천 도서 목록을 참고하면 좋습니다. 현직 교사인 운영진들이 발품을 팔아 가며 몇 달에 걸친 회의를 통해 엄선한 책 목록으로, 문학뿐 아니라 비문학(과학, 예술, 인문, 사회 등) 도서도 꾸준히 추천 목록에 추가되고 있습니다. 교사들이 추천한 청소년 도서 중심의 목록이기에 학생들의 눈높이에 맞는 양서가 많은 것이 장점입니다. 이 중 검색하여 관심 가는 책들을 골라 읽을 수도 있습니다. 분야별, 상황별, 연도별로 구분되어 있고, 매해 여름과 겨울마다 새로운 도서 목록이 업그레이드되니 이를 참고하여 책을 읽는다면 방학 시간을 알차게 보낼 수 있을 것입니다.

책따세의 추천 도서는 학교 도서관이나 지역 도서관에 많이 비치되어 있기에 가까운 도서관을 이용하는 것도 좋습니다. 그러나 요즘은 긴 호흡의 책을 꾸준히 읽는 것을 부담스럽게 생각하는 학생들도 많습니다. 이때에는 차선책으로 다양한 제재의 글을 조금씩 접할 수 있는 비문학 문제집을 활용하는 것도 방법입니다.

비문학 문제집 추천

시중에 나와 있는 중학생 비문학 문제집 중에 구성이나 문제의 지문이 괜찮은 것으로《숨마 주니어 중학 국어 비문학 독해 연습》 시리즈가 있습니다. 시리즈 뒤에 붙은 1~3의 숫자는 난이도로, 각 학년에 해당하는 숫자 문제집을 풀면 적당합니다. 독해 수준에 따라 숫자와 상관없이 풀려도 괜찮습니다. 인문, 사회, 과학, 기술, 예술 분야의 다양한 글이 있고, 매일 풀어야 하는 분량이 정해져 있어 꾸준히 해 나가기 좋습니다. 책마다 25일 분량의 문제가 있는

데 매일 풀기 어렵다면 주 2회 정도라도 시도해 볼 수 있습니다. 중요한 것은 꾸준히 하는 것입니다.

저는 고등학교에서 성취 수준이 낮은 학생을 대상으로 보충 수업을 할 때 이 교재를 활용했습니다. 꾸준히 읽고 푸는지 확인하는 방식으로 진행했는데, 처음에는 1권도 어려워하던 친구들이 점차 수준을 높여 가고 자신감이 생기는 것을 지켜보며 뿌듯했던 기억이 납니다.

이 외에도 요즘은 중학생 대상 비문학 독해 문제집이 꽤 다양한 종류로 출시되고 있습니다. 천재교육의《비문학 독해 DNA 키우기》, 지학사의《중학 비문학 독해 연습》, 메가스터디의《중학 국어 비문학 독해》, 동아출판사의《빠작 중학 국어 비문학 독해》, 비상교육의《비상 중등 수능독해》, EBS의《EBS 필독 중학 국어 비문학 독해》등 거의 모든 출판사마다 비문학 독해 문제집이 나오니 서점에 가서 살펴본 후 구성이 마음에 드는 문제집을 골라 풀면 됩니다.

중 3 겨울방학에는《예비 매3비》(키출판사) 문제집을 풀어 보길 추천합니다. 수능 비문학 독해에 대한 감각을 가질 수 있고, 고 1 첫 모의고사에도 도움이 됩니다. 고 1 모의고사 기출문제를 EBSi 사이트에서 무료로 받아서 비문학 부분을 풀어 봐도 좋습니다. 일일이 출력하기 번거롭다면 기출문제만 모아놓은 문제집[3]을 구매하는 것도 방법입니다.

가장 중요한 것은 특정 문제집이나 좋은 강의에 대한 정보가 아니라 일단 시작하는 것입니다. 비문학 독해가 막막하고 어떻게 공부해야 할지 모르겠다고 하소연하며 정보만 찾는 학생들이 의외로 많습니다.

문제집을 만들고 강의를 제작하는 사람들은 그 분야의 전문가입니다. 어떤 문제집과 강의를 구매하더라도 해당 학년에서 알아야 할 필수적인 내용을 심혈을 기울여 선정한 것이므로 내용 면에서는 크게 차이가 나지 않습니다. 본인에게 적합한 방식을 찾아가려면 우선 공부를 해 봐야 알 수 있습니다. 어떻게 공부할지 망설일 시간에 독해 문제집을 두 장씩이라도 우선 풀어 나가는 것이 중요합니다.

독해력은 운동할 때 근육을 만드는 것과 같은 원리로 키워집니다. '매일 30분 걷기'처럼 사소한 습관이 결국에는 건강한 몸을 만듭니다. 연습 과정은 지루하지만 분명 가치 있는 습관으로 좋은 결과를 가져올 것입니다. 이를 기억하고 주 2~3회라도 꾸준히 하는 것이 중요합니다.

---

3 자이스토리, 마더텅 등이 유명합니다.

문학, 공감 능력 키우기

소설은 있을 법한 허구의 이야기를 상상하여 기록한 것입니다. 작품을 제대로 감상하기 위해서는 인물의 처지나 감정, 태도에 대한 이해가 필수적입니다. 그런데 교실에서 만나는 요즘 아이들의 문학적인 감수성이 예전보다 부족하다고 생각될 때가 자주 있습니다. 소설 속 사건을 파악했더라도 그 상황에서 왜 A라는 인물이 B처럼 행동했는지 감정선을 따라가지 못하는 경우가 많습니다. 수능에 비중 있게 출제되는 현대 문학은 주로 일제 강점기부터 6·25 전쟁을 거쳐 산업화 시대를 배경으로 하는 작품이 많습니다. 10살 차이만 나도 세대 차를 느낀다는 요즘입니다. 문학사적으로 의미 있는 작품이라고 해도 수십 년 전 시대를 배경으로 한 작품을 공감하며 읽기 어려운 것은 어찌 보면 당연해 보입니다. 그러나 이를 단지 작품의 창작 시기에 따른 세대 차로 단정 짓기는 곤란합니다. 제가 고등학생이던 90년대에도 이미 현대 문학은 수십 년이 지난 유물이었기 때문입니다.

소설: 문학적 감수성 키우기

요즘 아이들이 문학적 감수성이 부족한 이유는 책이든 영상이든 전문(全文)을 감상한 경험이 적고, 짧게 요약된 글과 영상을 선호하는 분위기와 무관하지 않아 보입니다. 발단부터 전개, 갈등과 절정을 거쳐 결말에 흐르는 긴 호흡을 따라가는 것을 아이들은 힘들어합니다. 결정적인 부분만 요약해서 보여 주는 것이 이해하기 편하다고 생각하고, 이런 방식에 이미 익숙해져 있습니다. 하지만 이렇게 짧게 요약된 영상과 짧은 글만 접하다 보면 인물의 미묘한 심리 변화, 복선, 인과 관계 등을 완벽하게 파악하기 어렵습니다.

저는 요즘 〈슬기로운 감빵생활〉이라는 드라마를 뒤늦게 몰입하여 보고 있습니다. 이 드라마에는 개성 있는 인물들이 등장하고, 각 인물의 수감 전 이야기와 수감 후 이야기가 교차되어 나옵니다. 제가 이 드라마를 보면서 울고 웃는 장면을 본 남편이 중간에 같이 시청한 적이 있습니다. 중간에 특정 장면만 본 남편은 당연히 인물의 과거 이야기, 서사를 따라오지 못했고, 왜 그 장면이 그렇게 안타까운지, 왜 재미있는지 공감하지 못했습니다. 나쁜 짓을 하고 감옥에 갇힌 사람을 인정 있는 사람으로 묘사하는 것에 거부감마저 생긴다고 했습니다.

글이든 영상이든 전체 흐름을 긴 호흡으로 따라가는 훈련은 문학적 감수성을 키우기 위해 중요한 과정입니다. 시간이 없어서 전문을 감상하기 어렵다는 학생들도 있는데 고등학생이 되면 시간은 더 없습니다. 그나마 책 읽을 여유가 있는 중학생 시기에 소설 전문을 읽는 것이 감상 능력을 키우는 데 도움이 됩니다. (다만 고등학교 시기에는 전문을 읽을 시간이 없기에 줄거리만 읽는 것을 추천하기도 합니다.)

간접 경험과 대화로 공감력 키우기

소설을 읽을 때 문학적 감수성이 떨어지는 또 다른 이유는 경험의 부족 때문입니다. 배고파 본 적이 없는 사람이 일제 강점기의 수탈을 제대로 이해할 수 없고, 전쟁을 겪지 않은 세대가 전쟁의 비극을 온전히 느낄 수 없습니다. 그렇다면 다시 소설 속 시대로 돌아갈 수도 없고, 전쟁이 발생한 곳을 찾아갈 수도 없는데 어떻게 해야 할까요? 뻔한 이야기 같지만 간접 경험을 많이 쌓아야 합니다. 독서를 통해 인물의 처지가 되어 보고, 간접적으로나마 어떤 사건에 대해 반응하는 경험이 누적되면 문학적 감수성이 발달할 수 있습니다.

제 아이가 중학교 2학년 때 〈동백꽃〉(김유정)이라는 소설을 학교에서 배웠다면서 "엄마, 여기 여자 주인공(점순)이 좀 미친 것 같아. 제정신이 아니야."라고 했습니다. '나'에 비해 성숙한 점순이가 관심과 호의를 드러내다가 거절당하자 '닭싸움'을 통해 복수하는 장면에는 마름과 소작인의 관계, 사춘기 소녀의 미묘한 애정의 감정이 녹아 있습니다. 신분 제도를 경험해 본 적도 없고, 아직 짝사랑조차 해 본 경험이 없는 중 2 남학생은 이 소설 속 인물의 감정선을 따라가기 어려웠을 것입니다. 간접적으로나마 사랑도 해 보고, 이별도 해 보고, 배고픔도 겪어 보고, 새로운 문화도 접해 본 사람만이 공감 능력, 즉 문학적인 감수성을 풍부히 할 수 있습니다.

만약 타인의 감정에 둔감한 아이라면, 특정 상황에서 부모님이 느끼는 감정을 평소 대화하면서 자주 공유하는 것도 도움이 됩니다. 저는 기념일을 소중하게 생각하는 편입니다. 그래서 생일이나 어버이날 같은 특별한 날에 작은 선물이나 편지 한 통이라도 받아야 기분이 좋습니다. 그러나 불행히도 아이들은 저와 달리 기념일에 별 감흥이 없습니다. 성의를 보이지 않은 날, 제가 왜 서운한지 표현하다 보니 이제 아이들은 챙기는 시늉이라도 하려고 합니다. 엄마의 감정을 이해하게 된 아이들은 이제 문학 작품에서 기념일에 오히려 외로운 감정을 느끼는 등장인물을 만난다면 공감할 수 있을 겁니다. '이런 것까지 굳이 말해줘야 하나'라고 생각하지 말고, 부모가 먼저 기쁜 감정, 서운한 감정 등을 표현해야 아이들도 타인에 대한 이해의 폭이 넓어지고 공감력도 생깁니다.

시: 표현 방식 정확히 알기

학생들은 시 감상을 특히 어려워합니다. 시는 비유와 상징이라는 함축적인 언어로 노래하는 장르입니다. 시어에는 숨은 의미가 있기 마련입니다. 그런데 그 숨은 의미를 파악하기가 어렵고 함축적 의미가 명확하지 않다며 고민하는 친구들이 있습니다. 그러나 이해가 되지 않아도 기죽을 필요는 없습니다. 어차피 내가 읽어서 난해한 작품은 다른 친구들도 난해하다고 느낍니다.

시험 문제에 나온 시라면, 〈보기〉에서 감상의 방향을 알려 주는 대로 내가 감상할 수 있는 내용까지만 감상하면 됩니다. 화자가 누구인지, 어떤 상황에 놓여 있고 그때 감정과 태도는 어떤지 정도만 우선 파악하면 문제를 풀 수 있습니다. 시험에 등장하는 시 관련 문제에서 다양하게 해석될 여지가 있는 함축적 의미를 묻기는 어렵습니다. 해석이 분분한 부분은 시비가 있을 수 있기 때문입니다. 그러니 〈보기〉에 근거하여 감상하면 어느 정도 파악할 수 있는 문제로 생각하면 됩니다.

난해한 시가 문제에 등장할 때는 내용적인 측면보다 형식적인 측면을 주로 묻습니다. 형식은 누가 봐도 정확하게 맞다, 아니다를 판단할 수 있는 부분입니다. 예를 들면, '물음의 방식을 사용', '과거 시제를 사용', '자연물에 인격을 부여'와 같이 다른 해석의 여지가 없이 확실한 내용을 묻는 문제가 출제됩니다.

표현 방식에 대한 이해는 시 감상에 필수적입니다. 중학교 교육과정에서 개념을 자세하게 다루는데,[4] 이 시기에 비유, 직유, 은유, 대유, 의인, 활유, 풍유 등의 개념에 대해 정확하게 이해하고 익혀야 합니다. 그래야 고등학교 국어 시간, 문학 시간에 작품 안에 녹아 있는 다양한 표현 기법을 찾아낼 수 있습니다.

예를 들어, '활유법'이라면 '생명이 없는 사물을 생명이 있는 것으로 표현하는 방법'이라는 개념뿐 아니라 왜 그런 표현 기법을 사용하는지까지 정리해 두어야 합니다. '대상을 생동감 있게 묘사하기 위해 활유법을 구사하고 있다'라는 표현의 효과까지 선지에 포함되는 경우가 많기 때문입니다. 그냥 막연하게 알고 있다고 느끼는 정도에서 개념 정리를 멈추면 작품이 바뀔 때마다 작품에 녹아 있는 표현 및 효과를 찾아내기 어려우니 꼼꼼하게 정리해 두는 것이 좋습니다.

---

4 2022 개정 교육과정 성취 기준 [9국05-01] 운율, 비유, 상징의 특성과 효과에 유의하며 작품을 감상하고 창작한다.

수행 평가 단골 영역, 화법과 작문

'화법과 작문'은 수능의 선택 과목이긴 하지만 사실 지필 평가 형식의 오지선다 선택형 문제로 그 능력을 평가하기는 어려운 영역입니다. 화법은 '말하기' 능력이고, 작문은 '쓰기' 능력이니 실제 수행 능력을 보아야 정확한 평가가 가능하기 때문입니다. 그리하여 수행 평가에서 가장 큰 비중을 차지하는 것이 바로 '화법'에 해당하는 말하기 평가(구술 평가, 발표 등)와 '작문'에 해당하는 논술형 평가입니다.

교사들은 평가 계획서를 작성할 때부터 구체적이고 객관적인 평가의 기준을 마련합니다. 예를 들어 논술형 평가라면 그 비중이 몇 퍼센트인지를 제출해야 하며, 이는 교육청이 권장하는 최소 비중을 넘겨야 합니다. 구술 평가에서 '얼마나 유창하게 말하는가?'를 평가한다면, 여기에도 객관적인 평가 요소들이 필요합니다. 유창하다는 점은 주관적인 평가가 반영되기 쉽고, 평가 후 문제를 제기한다면 이미 공중에 흩어진 말을 토대로 채점 근거를 명확히 제시하기 어렵기 때문입니다.

그렇기에 구술 평가 기준에는 '평가를 위한 준비 과정(발표문 작성, PPT 등 발표 자료 제작, 스토리보드 작성 등)'이 포함되기도 하고, '논리적 근거를 들어서 말했는가?', '토론의 절차를 이해하고 순서에 맞게 말했는가?'와 같이 명확한 채점 기준을 앞서 정해 두기도 합니다. 이 때문에 말이 어눌하고 유창하지 않아 자신감이 없다고 하여 주눅들 필요는 없습니다. 이러한 평가 기준이 있기에 수업 과정을 성실히 따라온 친구들이라면 어렵지 않게 점수를 받을 수 있습니다. 무엇보다 최선을 다하는 태도가 중요합니다.

간혹 긴장도가 높은 학생들은 구술 평가 자체에 엄청난 심리적 압박감을 느낍니다. 아예 발표 점수를 받지 않을 테니 발표 순서에서 빼 달라고 하기도 하고, 카메라 녹화까지 하는 평가에서는 긴장해서 아예 '얼음' 상태가 되기도 합니다. 교탁 앞에 나와서 개인 발표를 할 때 심한 경우 손이 덜덜 떨리고 목소리가 염소 소리처럼 나서 창피를 당하거나 놀림 받기도 합니다. 저는 초임 교사 때는 이런 학생들이 너무 안쓰러워서 정 못하겠으면 하지 말라고 하며 빼 주기도 했습니다.

발표, 성공 경험을 쌓자

어떤 능력이든 반복을 통해서 좋아지고 성장합니다. 친구들 앞에서 말하는 것까지 불안감을 이유로 계속 회피하는 전략을 사용한다면 그 학생은 대입 면접, 채용 면접까지 계속 어려움을 겪을 것입니다. 이러한 깨달음을 얻은 뒤에는 학생들을 독려하고 있습니다. 전체 학생이 보는 앞에서 발표가 어려우면 모둠 안에서 발표하게 한다든지, 청중을 보지 않고 준비한 자료를 읽는 한이 있더라도 최대한 앞에 나와 말하도록 했습니다. 떨면서 말하고 실수를 좀 하더라도 끝까지 발표를 해낸 성공 경험이 누적되면 아이들은 말하기의 두려움에서 점차 벗어나게 됩니다.

학교에서 구술 평가로 수행 평가를 치른다고 하면 발표에 두려움이 있는 친구라 하더라도 충분한 연습의 기회를 주어야 합니다. 처음에는 부모님이 발표문을 봐주기도 하고, PPT 작성하는 법도 알려 주면 좋습니다. 동생이나 인형이라도 앉혀 놓고 집에서 미리 읽어 보는 것도 좋습니다. 실제 발표 상황을 가정하여 반복 연습을 하는 것만으로도 긴장이 완화될 수 있습니다.

저 역시 매일 학생들 앞에서 말하는 일을 하지만 처음으로 교육청에 가서 발표하게 되었을 때는 밤잠을 설칠 만큼 긴장했습니다. 혹여 실수하지 않을까, 기자재에 문제가 생기면 어떡하나 걱정이 되었습니다. 그러나 발표를 반복하다 보니 처음처럼 떨리진 않게 되었습니다. 성공 경험을 많이 한다는 것은 반대로 좌절할 기회를 준다는 의미이기도 합니다. 말을 조금 버벅거리고 실수해도 생각만큼 큰일이 일어나지 않는다는 것을 알아야 다음에는 덜 긴장하고, 실수했던 부분도 보완할 수 있습니다.

부모님이 도움 줄 수 있는 부분이 있다면 처음에는 도움을 주는 것도 괜찮습니다. 큰아이가 처음 중학교에 가서 수행 평가 발표를 하게 되었을 때 스스로 PPT를 만들겠다고 했습니다. 수행 평가는 당연히 스스로 해야 한다고 믿었기에 전혀 개입하지 않을 작정이었습니다. 발표 전날 혹시나 하고 어떻게 만들었는지 PPT를 보여 달라고 했더니 아이가 엄청난 결과물을 내보였습니다. 화면에는 발표문이 줄글로 빼곡하게 쓰여 있었고, 아이는 똑같은 대본을 프린트해서 읽을 작정이었습니다. 그제야 아이가 발표 PPT 작성하는 요령을 배우지 않았다는 것을 알게 되었습니다. 생각해 보니 초등학교까지는 이런 평가가 많지 않으니 모르는 것이 당연했습니다.

PPT 화면에 줄글이 가득하면 일단 친구들이 집중하지 못합니다. 흥미를 끌 만한 사진을 한 장 띄워놓고 키워드만 큼직하게 넣으라고 알려 주었습니다. 그리고 발표문에는 그 사진을 설명할 수 있는 글을 쓰고 읽도록 했습니다. 또한, 한 화면에 두 개 이상의 자료가 들어가서 산만해지지 않도록 수정하도록 했습니다. 발표 기회가 많은 회사원이나 대학생, 어른에게는 너무 당연한 지식이지만 아이들은 모를 수 있습니다.

중학교 첫 수행 평가를 앞두고 있다면 한 번쯤 이런 작업을 함께 해 보는 과정이 필요합니다. 매번 자료를 만들어 주거나 도와주면 안 되겠지만 아예 방법을 모르는 경우, 기본적인 요령을 알려 주면 다음 수행 평가부터는 스스로 잘 만들어 낼 수 있을 겁니다.

분량 채우기와 문단 나누기는 기본 중의 기본

작문 평가 역시 평가의 기준을 잘 아는 것이 중요합니다. 저희 아이는 첫 작문 평가에서 조건이 제시하는 분량에 맞춰 글을 쓰지 않아 10점에 가까운 감점을 당했습니다. 아이는 자신이 할 말은 짧은 글 내에서도 다 했다고 합니다. 어떻게 평가되는지 잘 모르기 때문에 이런 실수를 하는 겁니다.

교사들이 작문 평가를 할 때 가장 쉽게 점수에 반영하는 것이 바로 '분량'입니다. 물론 글이 길다고 알맹이가 있는 글은 아니지만, 조건의 분량을 다 채워서 쓴 글은 최소한의 성의와 노력을 다했다고 생각하기에 점수를 많이 깎지 않습니다.

반면, 아무리 글을 잘 썼다고 해도 제시하는 분량을 채우지 못하면 감점될 확률이 높습니다. 실제 분량 미달인 글은 내용이 충실하지 않거나 근거가 빈약한 경우가 많습니다. 분량 미달로 논술 평가에 크게 감점 당하니 지필에서 좋은 점수를 받아도 성적을 만회하기가 쉽지 않습니다. 그 후로 아이는 작문 평가에서 했던 말을 다시 반복하더라도 무조건 분량은 채우도록 노력합니다.

문단을 잘 나눠 쓰는 것도 중요합니다. 문단 안에 하나의 중심 문장이 있고, 다른 문장은 중심 문장을 뒷받침하도록 구성해야 합니다. 이는 초등학교 국어 교육과정의 성취 기준이기도 합니다.

보통 학생들의 글을 보면 아무 데서나 문단을 나누고 문단 안에 2개 이상의 중심 내용이 있는 경우도 많습니다. 심지어 한 문단에서 했던 주장을 다음 문단에서 번복하는 등 주제가 엉망인 글도 많습니다. 이는 통일성 부분에서 감점 요소입니다.

주제가 미리 주어진 평가의 경우, 개요를 짜 보고 분량에 맞추어 써 보는 연습을 하는 것도 도움이 됩니다. 1,800자 논술이라면 서론 한 문단, 본론 서너 문단, 결론 한 문단 정도로 구성하면 적절합니다. 아무리 채점 기준을 충족했다고 해도 문단을 아무 데서나 나눠서 쓴 글은 완성도가 떨어져서 만점을 주기 망설여집니다. 중고등학교 내내 모든 과목마다 수행 평가에 논술형 평가가 있으니 단 골 영역에서 잘 해낼 수 있도록 미리미리 연습해 두어야 합니다.

사고를 확장하고
개념 확실히 이해하기

　　중학교부터 국어 교과가 영역별로 세분화되고 낯선 국어 개념과 어려운 어휘, 문법이 등장하며 학생들이 국어를 어려워하기 시작합니다. 초등 때는 만만한 과목이라고 생각했다가 막상 중학교에 들어와 갑자기 어려워진 교과에 손을 놓아 버리는 학생이 있는가 하면 학생들 사이에 국어 성적의 격차도 급격하게 커지게 됩니다. 국어 공부에서도 본격적인 입시 경쟁이 시작되는 시기이기에 이럴 때일수록 교육과정의 기본 성취 기준과 갖춰야 할 핵심 역량을 놓치지 않고 차근차근 챙겨 가는 것이 중요합니다.

중등 국어에서 반드시 성취해야 할 것들

국어는 단일 교과로는 가장 많은 시수를 보유한 과목입니다. 중학교 1~3학년 3년 동안 총 442 시수로, 주당 수업 시수로 계산해 보면 일주일에 4시간 이상 국어 수업을 합니다. 학생들이 주 5회 학교에 가는데 그중 4일 이상 국어 수업을 한다는 뜻입니다. 자칫 국어 과목에 흥미를 붙이지 못하면 매일의 학교생활이 힘들 수 있습니다. 갑자기 어려워진 국어 교과지만 아이들이 조금씩 성취감을 느끼며 공부할 수 있도록 돕는 것이 필요합니다.

〈2022 개정 교육과정 중학교 편제 시간 배당 기준〉

구분		1~3학년
	국어	442
	사회(역사 포함)/도덕	510
	수학	374
	과학/기술·가정/정보	680
교과(군)	체육	272
	예술(음악/미술)	272
	영어	340
	선택	170
	소계	3,060
창의적체험활동		306
총 수업 시간 수		3,366

중등 국어 교육과정의 성취 기준은 모두 중요하지만, 여기서는 국어 1등급을 위한 전략 차원에서 키워야 할 핵심 역량을 중심으로 몇 가지를 이야기하고자 합니다.

중등 과정에서는 무엇보다 글의 구조를 파악하여 요약하고, 논리력과 사고력에 기반하여 추론적 이해를 할 수 있어야 합니다. 고등 과정에 연계성이 높은 문학 개념과 문법 개념을 확실히 이해하는 것도 중요합니다. 아래 표를 참고하여 중등 과정에서 달성해야할 국어 핵심 역량을 살펴보시길 바랍니다.

〈2022 개정 교육과정 중등 국어 영역별 성취 기준〉

읽기	[9국02-02] 읽기 목적과 글의 구조를 고려하며 글을 효과적으로 요약한다.
	[9국02-03] 독자의 배경지식과 글에 나타난 정보 등을 활용하여 글에 드러나지 않은 의도나 관점을 추론하며 읽는다.
	[9국02-04] 복합양식으로 구성된 글이나 자료의 내용 타당성과 신뢰성, 표현 방법의 적절성을 평가하며 읽는다.
	[9국02-07] 진로나 관심 분야에 대한 다양한 책이나 자료를 스스로 찾아 읽는다.
쓰기	[9국03-03] 주장을 뒷받침할 수 있는 타당한 근거를 들고 적절한 표현을 사용하여 주장하는 글을 쓴다.
	[9국03-07] 복합양식 자료를 활용하여 내용을 생성하고 글의 유형을 고려하여 내용을 조직하며 글을 쓴다.
	[9국03-08] 쓰기 과정과 전략을 점검·조정하며 글을 쓰고, 독자를 고려하여 글을 고쳐 쓴다.

문법	[9국04-01] 국어의 음운 체계와 문자 체계를 이해하고 국어생활에 활용한다. [9국04-02] 단어의 짜임을 분석하여 새말 형성의 원리를 이해한다. [9국04-03] 품사의 종류와 특성을 이해하고 국어 자료를 분석한다. [9국04-04] 문장의 짜임을 이해하고 표현 효과를 고려하여 문장을 구성한다. [9국04-05] 피동 표현과 인용 표현의 의도와 효과를 분석하고 상황에 맞게 활용한다. [9국04-06] 한글 맞춤법의 기본 원리와 내용을 이해하고 국어생활에 적용한다.
문학	[9국05-01] 운율, 비유, 상징의 특성과 효과에 유의하며 작품을 감상하고 창작한다. [9국05-07] 연관성이 있는 다른 작품들과의 관계를 파악하며 작품을 감상한다.

글을 효과적으로 요약하는 능력

중등 과정에서 가장 중요한 능력은 글을 효과적으로 요약하는 능력입니다. 글의 구조를 파악하고 요약하는 활동은 길고 복잡한 글을 읽기 위한 가장 기초적인 역량입니다. 1차 방정식을 풀 줄 알아야 3차 방정식까지 풀 수 있는 것과 같습니다. 수능 국어 지문이 아무리 어려워도 문단별로 내용 요약을 효과적으로 할 수 있다면 복잡한 지문을 이해할 수 있습니다. 따라서 중등 시기에는 글을 효과적으로 요약하는 방법을 충분히 익히고 연습해야 합니다.

글을 효과적으로 요약할 수 있다면 다른 과목 공부를 하는 데도 큰 도움이 됩니다. 요약하기 연습이 잘 된 친구들은 사회나 세계사 같은 과목을 공부할 때도 부담이 적습니다. 공부 분량이 많더라도 문단을 읽으면서 핵심어를 바로 골라내고, 속독하면서도 핵심 내용을 파악할 수 있기 때문입니다. '요약하기'를 연습할 때 기본이 되는 지문은 교과서입니다. 교과서를 요약하면서 공부하는 구체적인 방법은 다음 장에서 자세히 설명하겠습니다.

적절한 근거를 찾는 연습

중학생이 되면 주장을 뒷받침하는 적절한 근거를 찾는 연습도 해야 합니다. 초등까지의 국어 문제는 대부분 '사실적 이해'를 묻는 문제입니다. 예를 들면, '윗글의 내용과 일치하는 것은?' 혹은 '~에 대한 설명으로 적절한 것은?'과 같이 지문에서 설명하는 바를 선지에서 찾는 식입니다. 그러나 중학교 국어 문제는 '추론적 이해', 즉 적용 능력을 묻는 문제가 많습니다. '윗글을 바탕으로 ~에 대하여 추론한 것으로 적절한 것은?' 혹은 '보기 중 ~에 대한 조건을 만족시키는 것은?'과 같이 지문의 내용을 이해한 후 적절하게 추론하고 적용할 수 있어야 합니다.

이런 문제를 잘 풀기 위해서는 지문을 있는 그대로 받아들이는 것을 넘어, 한 번 더 생각하는 사고력을 키워야 합니다. 예를 들어, 하나의 주장이 있다면 '그 주장에 대한 근거가 적절한가?', '또 다른 근거가 있을까?'라고 생각하고 질문하면서 글을 읽어야 합니다. 이 능력을 키우기 위해서는 찬반 주장에 대해 직접 글을 써 보고 토론하는 활동이 도움이 됩니다. 실제 토론을 하다 보면 상대방 주장의 논리적인 허점도 발견하고, 자신의 주장에 대한 반론도 생각하며 근거를 마련해야 합니다. 내신이든 수능이든 이렇게 추론적인 능력을 측정하는 문제가 배점도 높습니다. 즉, 국어를 잘하려면 사실적 이해는 기본이고, 추론적 이해, 비판적 이해로까지 사고를 확장해야 합니다.

영역별 개념 공부는 확실히

마지막으로 위계성이 있는 국어의 영역별 개념 공부를 확실히 해 두어야 합니다. 중등 시기에 나오는 문법 개념, 문학의 개념어 등은 초등학교 때부터 조금씩 배운 내용이 많습니다. 예를 들어 '비유'는 초등학교에서 빗대어 말하기, 비유적 표현의 효과로 배운 적이 있습니다. 학생들은 이미 알고 있는 개념이라고 생각해 가볍게 넘기기도 합니다. 그러나 중학교에서 '비유'를 배울 때는 여기서 한 걸음 더 나아갑니다. 비유적 표현에서 원관념과 보조관념이 정확히 무엇인지, 비유와 상징이 어떻게 다른지 등 조금 더 심화하여 들어갑니다. 비유를 이미 알고 있다고 생각했던 아이들이 이러한 질문에는 대답하지 못하는 경우가 많습니다.

문법 역시 국어의 영역 중 가장 위계성이 강한 분야입니다. 중학교 때 확실히 알아야 할 '음운'의 개념을 제대로 이해하지 못하면 고등학교에서 다루는 '음운의 변동'을 이해할 수 없습니다. 중학교 때 '품사'가 무엇인지 제대로 배우고 정리하지 않으면 고등학교에서 중세 국어와 현대 국어를 비교, 분석하는 수업을 따라갈 수 없습니다. 공부해야 할 범위가 넓은 고등 수업에서 중학교 때 나오는 개념부터 정리해 주기는 매우 어렵습니다.

중학교 개념 정리가 되지 않은 학생들은 '어간과 어근의 차이가 뭔가요?'라는 질문부터 합니다. '어간'은 활용하지 않는 부분이라고 답하면 '활용이 뭔가요?'라는 질문을 하고, 동사와 형용사의 활용을 설명하다 보면 '동사와 형용사의 차이가 뭔가요?'라는 질문을 합니다. 진도를 도무지 나갈 수가 없어서 학생들에게 중학교 때 무엇을 배웠냐고 반문하면 다 잊어버렸다고 합니다. 기초부터 다시 설명하면서 진도를 나가면 다행입니다. 하지만 중학교 때 이 모든 내용을 배웠다고 가정하고 고등 진도를 나간다면, 이 학생들은 고등 문법을 전혀 이해하지 못한 채로 수업을 듣게 됩니다. 국어도 수학과 마찬가지로 어느 한 지점에 구멍이 있으면 심화 개념으로 나아갈 수 없습니다.

중등부터는 본격적인 입시의 시작입니다. 다음 장에서는 교육 과정 성취 기준 달성만이 아니라 내신 성적 관리의 측면에서 의미 있는 정보를 함께 드리고자 합니다. 중학교 2학년의 첫 내신 시험

(1학년 때 자유 학기나 자유 학년을 지낸 경우)을 어떻게 준비해야 하는지, 중 3 시기에 고등 대비 국어 공부를 효율적으로 하는 방법이 무엇인지 등 학년별 국어 공부법을 상세히 전해 드리겠습니다.

중학교 1학년: 기본기를 다지는 세 가지 방법

제대로 읽고 내용 요약하기[5]

초등학교 다니며 국어를 따로 공부하는 학생은 많지 않습니다. 영어는 영·유아기부터 초등 시기까지 쭉 이어서 공부하고, 수학이나 과학도 영재성을 보이는 똘똘한 친구들은 선행을 많이 합니다. 반면 국어는 중요성을 알더라도 크게 시급하다고 느끼지 않아 공부의 우선순위에서 밀리는 경우가 많습니다.

5　2022 개정 교육과정 성취 기준 [9국02-02] 읽기 목적과 글의 구조를 고려하며 글을 효과적으로 요약한다.

그래도 꾸준히 독서를 해 온 친구들은 중학교 교과서 읽기에 어려움을 보이지 않지만, 독서마저 챙기지 못하고 국어를 등한시한 친구들은 처음으로 '독해'라는 벽에 부딪힙니다. 독서를 했다고 해도 그냥 '훑어 읽기'만 했다면 글의 핵심을 파악하고 주어진 정보를 바탕으로 문제를 푸는 학습으로서의 읽기는 또 다른 차원이 됩니다.

이 시기에 '학습으로서의 읽기'에 문제를 발견하면 비단 국어만의 문제는 아니게 됩니다. 문해력의 문제가 드러나는 시점이어서 다른 교과까지 동시에 어려움을 겪기 시작합니다. 분명 교과서를 읽긴 읽었는데 내용 파악이 안 되고, 앉아서 공부한 것 같은데 막상 문제를 풀면 다 틀리고 맙니다. 그제야 당황하기 시작합니다. 이런 친구들은 도대체 어떤 문제가 있는 것일까요?

글을 읽고 정리하는 기본적인 공부 방법을 몰라 답답해 하는 친구들이 의외로 많습니다. 이런 친구들은 아래의 순서대로 교과서를 읽는 방법부터 차근차근 가르쳐 주면 좋습니다. 특별한 방법은 아니지만, 독서 외에 학습적으로 독해를 해 본 경험이 없는 학생들에게는 이런 절차적인 안내가 도움이 됩니다.

1. 소단원 단위로 끊어서 소리 내어 읽습니다.
   (소단원도 길다고 느껴지면 1쪽씩 끊어서 읽어도 됩니다.)
2. 읽으면서 중요하다고 생각하는 부분에 연필로 밑줄을 긋습니다.
3. 다시 읽으며 밑줄 중 핵심어라고 생각하는 단어를 형광펜으로 표시합니다.
4. 목차를 중심으로 핵심어를 노트에 정리하며 요약합니다.
5. 목차와 핵심어만 보고 소단원의 내용을 설명해 봅니다.

이렇게 꼼꼼하게 읽고 정리하며 한 단원씩 공부가 끝나면 제대로 이해한 게 맞는지 해당 단원의 문제를 풀어 보도록 합니다. 문제를 채점한 결과 90% 이상의 정답률을 보인다면 틀린 문제를 확인하고 다음 소단원으로 넘어가도 됩니다. 그러나 정답률이 낮은 경우에는 다음 단원으로 그냥 넘어가선 안 됩니다. 보통 학생들은 문제를 많이 풀어야 충분히 공부했다는 성취감을 느끼기에 계속해서 진도를 나가려고 합니다. 그러나 문제를 많이 틀렸다는 것은 본문 내용을 제대로 이해하지 못했다는 의미이기 때문에 반드시 되짚고 가야 합니다. 틀린 문제를 확인했다 하더라도 또 다른 변형 문제가 나오면 다시 오답을 고를 확률이 높기 때문입니다. 본문을 100% 꼼꼼하게 읽고 소화해야 어떤 변형 문제가 나오더라도 정답을 맞힐 수 있습니다.

만약 내용을 아무리 읽어도 이해가 안 되고 너무 어렵게 느껴진다면 조금 힘들겠지만 막히는 부분부터 본문을 베껴 써 보는 것도 좋습니다. '베껴 쓰기'가 시간을 낭비하는 무식한 방법처럼 보여도 문해력이 떨어지는 친구들의 경우, 필사의 과정에서 내용을 온전하게 파악하는 경우가 많습니다. (물론 그냥 읽어도 내용 정리가 되는 학생들에게는 효율적인 방법이 아니므로 권하지 않습니다.)

저는 고 3 학생들을 가르칠 때도 비문학 지문이 너무 어려워서 도저히 무슨 말인지 모르겠다고 하는 친구들에게는 이해가 안 되는 문단을 한번 필사해 보라고 권합니다. 신기하게 필사하는 과정에서 내용에 집중하게 되고, 추가 배경지식이 없어도 내용을 제대로 이해하게 되는 경우가 많습니다. 한 문장, 한 문장 꼼꼼하게 씹어서 소화하는 방법이기 때문에 특별한 처방이 필요하다고 느껴질 만큼 문해력이 낮은 친구들에게 특히 효과적입니다. 위장이 약해서 음식을 꿀꺽 삼키기 부담스러울 때 먹기 편하도록 죽을 만들어 소화를 돕는 것과 같은 이치입니다. 이렇게 죽을 먹다가 기력이 회복되면 서서히 밥도 먹을 수 있고 소화력도 좋아집니다. 수능 비문학 독해 연습에는 지나치게 무모한 방법이겠지만 내신 시험처럼 범위가 정해진 경우 이렇게 꼼꼼하게 공부하는 것도 큰 도움이 됩니다.

작가들조차 꾸준히 좋은 작품을 필사한다고 합니다. 독해뿐 아니라 글쓰기에 어려움을 보이는 친구들도 좋은 글을 필사하는 습관을 들이면 어느 순간 그와 닮은 글을 쓸 수 있게 됩니다. 효과가 매우 좋은 방법이지만 필사를 권했다가 바쁜 아이들에게 쓸데 없는 짓을 시킨다는 비난에 직면한 적도 있습니다. 그러나 중학교 1학년은 상대적으로 시간의 여유가 있으니 독해와 작문에 어려움이 있는 친구들이라면 더 늦기 전에 특별한 노력을 기울여 봐도 좋습니다. 일반적인 노력으로 국어 점수가 오르지 않는다면 '필사하기'를 한번 시도해 보길 바랍니다.

문법의 기초 다지기 [6]

국어에서 계단식 위계를 보이는 영역이 '문법'입니다. 중학교 1학년 때 학생들이 가장 먼저 배우는 문법 개념은 '품사'입니다. 재미있는 건 품사를 처음 배우는 학생들이 이미 품사에 대해서 본인이 잘 알고 있다고 생각한다는 겁니다. 왜 그럴까요? 영문법을 먼저 배우면서 비슷한 품사 이름을 들어 본 적이 있기 때문입니다. 물론 영어도 언어이기에 비슷한 부분이 있지만, 두 언어는 문법 체계가 완전히 다릅니다. 개념을 그대로 적용하면 안 되지요. 국문법에서의 품사나 문장 성분을 정확하게 알아야 합니다. 'I gave

---

6 2022 개정 교육과정 성취 기준 [9국04-03] **품사의 종류와 특성을 이해하고 국어 자료를 분석한다.**
2022 개정 교육과정 성취 기준 [9국04-04] **문장의 짜임을 이해하고 표현 효과를 고려하여 문장을 구성한다.**

my sister a candy(나는 내 여동생에게 사탕을 주었다)'라는 문장을 예로 들면 'my sister'는 영어에서 목적어지만 국어에서 'my sister'는 '내 여동생에게'로 번역되어 부사어가 됩니다. 또한, 'I am a student(나는 학생이다)'라는 문장의 경우 영어에서 'a student'는 주격 보어지만 국어에서 '학생이다'는 서술어입니다.

이처럼 영문법에서 알고 있는 지식을 국어에 그대로 적용하면 오류가 있을 수 있습니다. 영문법을 먼저 배운 학생들이라면 국어 문법의 기초를 새롭게 다지고 가야 합니다.

우선 단어를 분류하는 기준은 (1)형태 변화 여부에 따라, (2)문장에서의 기능에 따라, (3)의미적 특성에 따라 다릅니다. (1)에 따라 불변어/가변어, (2)에 따라 체언/수식언/독립언/관계언/용언 (3)에 따라 명사/대명사/수사/관형사/부사/감탄사/조사/동사/형용사로 나뉩니다. 이렇게 단어를 분류하는 것은 학생들을 고통스럽게 하기 위해서가 아닙니다. 품사를 정확하게 알면 우리말을 이해하고 탐구하는 기초적 지식이 생깁니다. 만약 중학교 1학년에 나오는 문법 개념을 제대로 파악하지 못하면 3학년 때 배우는 '문장 구조의 짜임'까지 어려움을 겪게 될 수 있습니다. 중학교 문법 개념에 구멍이 생기면 고등학교 때 더 깊이 배우는 내용, 중세 국어 문법은 더욱 이해할 수 없게 될 것입니다.

중학교에서 다루는 문법의 양은 1~3학년을 통틀어도 그리 많지 않습니다. 중 1 시작 시점에 예습해 두면 내신 공부할 때 도움이 됩니다. 그러나 보통은 내신 기간에 해당 단원만 벼락치기로 공부해도 결과나 나쁘지 않아 몰아서 정리하는 학생이 더 많습니다. 중학교 문법을 한꺼번에 보면 좋은 점은 문법을 구성하는 음운론, 형태론, 통사론 등을 학년과 상관없이 연계성을 가지고 꼼꼼히 볼 수 있다는 점입니다. 수학으로 치면 방정식만 1, 2, 3차 방정식을 쭉 배우고, 도형과 기하를 연결하여 배우는 식으로 영역별로 깊이 있게 배울 수 있는 장점이 있습니다.

만약 중학교 1학년 시기에 문법을 총정리하는 것에 부담을 많이 느낀다면 내신 범위만 가볍게 공부하고 넘어가도 괜찮습니다. 중학교 문법의 내용 전체를 훑어보기 위해 중학교 전체 과정을 다루는 검정고시 교재를 보는 친구들도 있습니다. 어떤 식으로든 고등 입학 전에는 중학교 과정에서 반드시 알아야 할 문법 개념을 복습해야 고등 과정을 무리 없이 따라갈 수 있습니다.

노트 필기하고 이해 여부 점검하기

초등학교와 중학교의 가장 큰 차이가 또 하나 있습니다. 바로 중학교에 들어오면 노트 필기를 능동적으로 해야 한다는 점입니다.

요즘 초등학교에서는 수업 시간에 노트 필기를 많이 시키지 않습니다. 교과서에 여백이 많아 적을 공간이 많고, 선생님마다 별도의 학습지를 많이 활용하기 때문입니다. 학생들은 따로 공책 정리를 할 필요가 없고, 집에는 잘 정리된 자습서가 있으니 편리합니다. 그러나 편리하다는 것은 바꾸어 생각해 보면 능동적으로 정리하고 스스로 재구성을 할 기회가 적다는 뜻이기도 합니다. 초등학교까지는 필기해 주시는 대로 받아 적으면 되고, 따로 내용을 정리하지 않아도 학습 부담이 적고 시험을 치르지 않으니 괜찮습니다. 그러나 중학교에 입학하면 상대적으로 공부량이 늘고, 과목별로 내신 시험을 치르기 때문에 스스로 정리하는 습관이 필요합니다.

예를 들어, 바로 앞선 내용인 '문법의 기초 다지기'에서 제가 설명한 내용을 노트에 정리해 본다면 다음과 같이 표로 정리할 수 있습니다.

줄글로 된 설명

단어를 분류하는 기준은 (1)형태 변화 여부에 따라, (2)문장에서의 기능에 따라, (3)의미적 특성에 따라 다릅니다. (1)에 따라 불변어/가변어, (2)에 따라 체언/수식언/독립언/관계언/용언 (3)에 따라 명사/대명사/수사/관형사/부사/감탄사/조사/동사/형용사로 나뉩니다.

노트에 표로 정리

(1) 형태 변화 여부 ②	형태 변화 여부에 따라 (문장 속에서 형태가 변하는가?)		
	불변어	형태가 변하지 않는 단어	꽃이 예쁘다. 꽃을 사다.
	가변어	형태가 변하는 단어 동사, 형용사, 서술격 조사	꽃을 <u>심자</u>. 꽃을 <u>심</u>은 사람이 있다.

(2) 문장 에서의 기능 ⑤	체언	명사 대명사 수사	품사 중에서 주로 문장의 주체가 되는 명사, 대명사, 수사를 통틀어 이르는 말. ➡ 문장의 중심을 이루는 말
	수식언	관형사 부사	문장에서 체언이나 용언 앞에 놓여서 뒤에 오는 말을 꾸며 주는 역할을 하는 관형사, 부사를 이르는 말. ➡ 뒤에 오는 단어를 꾸며 주는 역할을 함.
	독립언	감탄사	문장에서 다른 말들에 얽매이지 않고 독립적으로 쓰임. ➡ 문장 속에서 다른 성분과 문법적 관계를 맺지 않음.
	관계언	조사	주로 체언 뒤에 붙어서 다른 말과 문법적 관계를 나타내거나 특별한 뜻을 더해 줌. ➡ 문장에 쓰인 단어들과의 관계를 나타냄. 서술격 조사 '이다'를 제외하고 형태가 변하지 않음.
	용언	동사 형용사	문장에서 주로 주체(주어)를 서술하는 역할을 하는 동사, 형용사를 통틀어 이르는 말. ➡ 문장에서 주체의 동작이나 상태 등을 설명하는 역할. 쓰임에 따라 형태가 변함.

(3) 의미적 특성 ⑨	명사	사람이나 사물 등의 이름을 나타냄.
	대명사	사람이나 사물 등의 이름을 대신하여 나타냄.
	수사	사람이나 사물 등의 수량이나 순서를 나타냄.
	관형사	체언을 꾸며 줌.
	부사	주로 용언을 꾸며 줌.
	감탄사	느낌이나 부름, 대답을 나타냄.
	조사	다른 말과의 문법적 관계를 나타내거나 특별한 뜻을 더해 줌.
	동사	사람이나 사물 등의 움직임을 나타냄.
	형용사	사람이나 사물 등의 상태나 성질을 나타냄.

위 표에서 왼쪽 칸의 ②, ⑤, ⑨는 암기해야 할 항목의 숫자를 의미합니다. 정리한 후 제대로 외워졌는지 확인하려면 오른쪽 칸을 전부 가리고, 백지 암기법을 통해 점검해야 합니다. 예를 들면, 오른쪽을 가린 상태에서 '(3)의미적 특성에 따르면 9가지로 나뉘는구나. 9가지는 명사, 대명사, 수사…' 이렇게 점검해 보고, 다시 명사의 의미는 어떤 것인지 직접 말로 해 보며 점검하여 전체 표를 머릿속에 넣는 방식입니다.

노트에 표로 정리	
(1) 형태 변화 여부 ②	
(2) 문장에서의 기능 ⑤	가리고 내용 떠올리기
(3) 의미적 특성 ⑨	

이렇게 단서를 가지고 내용을 떠올릴 수 있도록 정리하는 노트 필기법이 바로 '코넬식 필기법'입니다.

이외에 '비주얼 씽킹(visual thinking)'[7]으로 내용을 정리하는 방법도 있습니다. 저도 수업 시간에 자주 활용하는 방법인데요, 예를 들어 학생들이 길게 발음해야 하는 단어가 많이 헷갈린다고 할 때 길게 발음하는 단어만으로 간단한 그림을 그려 정리해 보도록 합니다. 이때 짧은 발음과 긴 발음 모두를 그리면 효과가 없습니다.

---

7   생각을 글이나 이미지를 통해 체계화하여 이해력과 기억력을 높이는 사고법

외워야 할 한 가지, 예를 들면 긴 발음이 나는 단어로만 그리도록 하는 것이 중요합니다. 반복해서 가르쳐도 자꾸 헷갈린다고 하던 친구들이 그림을 그려 보는 간단한 과정을 통해 쉽게 기억하는 것을 보았습니다.

노트를 정리하는 방법만 소개한 책도 있을 만큼 다양한 노트 정리 방식이 있습니다. 중요한 것은 과목이나 단원에 따라, 본인에게 맞는 정리법을 찾아 구조화하는 연습을 하는 것입니다. 본인만의 탁월한 정리 방법을 찾으면 학년이 올라가서 학습량이 늘어났을 때도 효율적으로 정보를 처리할 수 있습니다.

〈노트 정리법과 비주얼 씽킹 예시〉

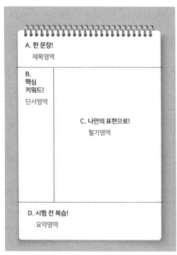

[코넬식 노트 정리법]

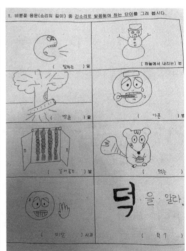

[비주얼 씽킹(visual thinking)]

중학교 2학년:
내신 시험 대비하기

교과서 학습 목표 확인하기

중학교의 경우 보통 1학년은 자유학기(학년)제로 시험이 없습니다. 2학년이 되면서 본격적인 지필 평가를 치릅니다. 시험이라고 막연하게 겁낼 필요는 없습니다. 가장 중요한 것은 평소 학교 수업을 열심히 잘 듣고 참여하는 것입니다. 너무 당연한 말이지만, 내신 시험 출제자는 평소 수업을 진행하는 교과 선생님입니다. 수업 시간에 강조했던 내용을 물을 수밖에 없습니다. 중학교는 절대 평가여서 등급을 가르는 시험이 아니므로 무리해서 어렵게 출제하지 않습니다. 이에 따라 단원의 학습 목표, 수업 시간에 필기한 내용, 교과서 날개, 학습 활동 위주로 교과서를 꼼꼼히 보는 것이 기본입니다.

'학습 목표'는 말 그대로 해당 단원에서 배워야 할 최종 목적을 제시하는 것입니다. 교사는 시험 문제를 낼 때 교과서만 보고 출제하지 않습니다. 반드시 교사용 지도서를 참고해서 출제하고, '문항 정보표'라는 것을 시험지와 함께 제출합니다. 문항 정보표는 각 문항에 대한 정보를 담고 있는데, 여기에는 배점, 난이도, 학습 목표 등이 담깁니다. 문항마다 어떤 학습 목표에 부합하는 문제인지를 반드시 체크해야 하는 겁니다. 특히 요즘은 나이스(neis)에 입력할 때 해당 학년에서 배워야 할 성취 기준 중에서 선택하도록 아예 시스템화되어 있습니다. 그러니 단원에 실린 작품을 공부하기 전에 그 단원의 학습 목표를 먼저 확인하는 것이 중요합니다.

예를 들어 김유정의 〈동백꽃〉이라는 작품을 공부한다면 그 작품에서 배울 수 있는 여러 가지 중 가장 중요한 것이 '학습 목표'에 이미 제시되어 있습니다. 만약, 학습 목표가 '서술자의 관점에 주목하여 작품을 수용할 수 있다.'라면 어떤 문제가 출제될까요? 〈동백꽃〉에 등장하는 서술자에 관한 문제가 출제될 겁니다. 물론 작품의 시대 배경이나 단어 뜻, 구성상의 특징을 배울 수도, 물을 수도 있습니다. 그러나 누가 출제하더라도 반드시 출제할 수밖에 없는 문제는 학습 목표에 정확히 부합하는 문제입니다. 점순이네 집에서 일하는 소작농의 아들인 '나'에 대한 정보, '나'의 처지와 성격, 서술자의 효과에 관해서는 무조건 출제된다고 볼 수 있습니다. 개별 작품을 보기 전에 학습 목표를 확인하는 것이 국어 내신 공부의 1순위라는 것을 기억해야 합니다.

교과서 날개와 학습 활동 확인하기

교과서 날개란, 교과서 본문 옆에 작은 글씨로 읽기 중 고민해 보라고 적어 놓은 질문 글입니다. 평소 국어 수업을 할 때면 지문을 같이 읽어 나가며(혹은 읽은 후에) 이 날개의 질문을 먼저 해결해 봅니다. 날개 질문은 글을 읽을 때 염두에 두어야 할 가장 핵심적인 내용이라고 생각하면 됩니다. 선생님 대부분이 꼼꼼하게 설명하고 필기도 시키는 부분입니다. 한 학년에 국어 교사가 3명인 경우, 교사마다 가르치는 내용이 다를 수 있습니다. 형평성을 고려하여 모두가 공통으로 가르친 내용을 출제해야 하는데, 바로 '날개 글'이 그 공통 내용이면서 핵심 질문입니다.

날개와 더불어 중요한 것이 본문 뒤의 '학습 활동'입니다. '교과서 활동 정리' 등 다른 이름으로 제목이 붙을 수 있지만, '활동'이라는 이름이 붙은 이 부분도 별표 100개를 달아 줄 만큼 중요합니다. 저는 내신 시험 하루 전날, 작품을 꼼꼼히 공부할 시간이 없다면 날개와 학습 활동만이라도 꼼꼼히 보라고 이야기합니다. 만약 주관식 문제가 출제된다면 역시 날개와 학습 활동에 있는 문항으로 출제될 가능성이 큽니다. 학습 활동의 문제 구성 자체가 '학습 목표'를 달성하기 위한 활동이기 때문입니다.

수업 시간에는 보통 본문을 읽고 나서 학생들에게 모둠 활동 혹은 개별 활동으로 학습 활동 문제를 풀어 보도록 합니다. 문제를 푼 후 발표도 하고, 정리도 하며 공을 많이 들이는 부분인 만큼 두 번, 세 번 공부해야 합니다. 주관식이나 서술형 시험이 있다면 아예 책에 필기한 것만 보지 말고 스스로 써 보는 연습을 하는 것도 좋습니다.

의외로 학습 활동 문제를 그대로 시험에 내도 서술형 만점이 나오는 경우가 드뭅니다. 필기를 눈으로 쓱 훑어보고 다 이해했다고 생각하며 넘기는 학생은 실제 서술해야 할 때 핵심 개념을 빼먹고 써 감점을 당합니다. 수업 중 학습 활동 문제를 풀 때 본인 스스로 푼 내용과 선생님이 보충하며 설명해 준 내용을 다른 색깔 펜으로 구분하여 적어 두는 것도 좋습니다. 처음 풀 때 빠뜨린 부분은 다음에도 같은 실수를 할 수 있기 때문입니다. 또한, 선생님은 학생들이 생각하지 못하는 포인트를 추가 설명하기에 색깔 펜으로 정리된 부분이 출제와 연결될 가능성이 있습니다.

문학 문제의 경우 갈래별 특징을 정리하는 것이 중요합니다. 학교에서는 문학을 서정, 서사, 극, 교술 갈래로 구분하는데, 각 갈래의 특징은 무조건 정리해 둡니다. 소설(서사 갈래)을 제시문으로 주고 작품의 특징을 물으며 적절하지 않은 선지로 다른 갈래의 특징을 넣는 문제가 문학에서 단골로 출제됩니다. 예를 들어 '허구'를 바탕으로 하는 '소설'의 선지에 '작가의 경험을 바탕으로'라는 '수필'의 설명을 슬쩍 끼워 넣는 식입니다. 각 갈래의 특징을 파악하고 있으면 쉽게 풀 수 있는 문제입니다.

평가 문제집으로 실력 확인

꼼꼼히 필기한 내용을 살펴보고, 문학의 갈래를 정리하고, 날개 문제도 풀어 보고, 학습 활동까지 다시 작성했다면, 마지막으로 본인이 확실하게 이해했는지 평가 문제집을 풀어 보는 것도 좋습니다. 중학교는 학교마다 출판사가 달라서 해당 출판사 문제집을 미리 구매해야 합니다. 가능하면 내신 시험 기간이 아니라, 학기 초에 미리 사 두는 것이 좋습니다. 보통 학생들은 문제집을 구매하지 않다가 내신 시험을 준비하는 기간이 닥쳐서야 구매하려고 합니다. 그러나 전국적으로 갑자기 수요가 몰리면 품절이 되는 일이 종종 생깁니다. 평가 문제집이 품절되면 다양한 문제를 풀어 보지 못하고 본시험을 망치는 사례도 나옵니다. 이런 경우, 좌절하지 말고 학교별 내신 기출문제를 풀어 봅시다. '내신코치(www.nscoach.com)'나 '족보닷컴(www.zocbo.com)' 등의 사이트에 가면 기출문제와 실전 예상 문제가 출판사별, 학교별로 모두 올라와 있습니다.[8] 국어뿐 아니라 영어, 수학, 과학, 사회, 기타 과목까지 있어 활용하기 편리합니다.

물론 해당 학교 기출문제라고 하더라도 공립 학교의 경우 매해 출제자가 다르므로 이해 여부를 점검하는 참고 자료 정도로 활용해야 합니다. 교과서 공부가 기본이고, 해당 출판사의 문제집 공부가 우선입니다. 같은 학교의 같은 시기 기출문제여도 시험 범위가 달라질 수 있으므로 시험공부 일정이 촉박하다면 학교의 기출문제 풀이는 과감히 패스해도 좋습니다. 차라리 교과서 본문을 꼼꼼하게 한번 더 읽어 보고, 선생님이 직접 나누어 준 프린트와 필기를 다시 한번 보는 것이 효과적입니다.

---

[8] 학원과 사이트에서 판매하는 학교 기출문제는 사실 저작권자의 동의를 받지 않았기에 저작권법 위반이라는 논란도 있습니다. 학교 내신 문제의 저작권을 보호하는 법적인 제도가 마련되어야 한다고 생각합니다만, 학생이나 학부모 입장에서 학교별 기출문제를 구할 다른 방법을 찾기 어려울 듯하여 우선 소개합니다.

중학교 3학년: 고등 국어 대비하기

중등 문법 정리는 필수

중등 국어의 기초적인 개념은 고등까지 연계됩니다. 비유와 상징, 논증 방법, 품사의 종류, 어휘의 체계와 양상, 한글의 창제, 음운의 체계, 문장의 짜임 등은 고등에서도 중요한 부분입니다.

국어가 위계성이 뚜렷한 과목은 아니지만, 문법의 경우 선행 지식이 완벽하게 잡혀 있지 않으면 고생하는 영역입니다. 고등에서는 '반모음을 음운으로 인정할 수 있는가?'와 같이 문법에서 논란이 되는 부분을 다루기도 하고, 중세 문법과 현대 문법을 비교하기도 합니다. 중학교에서 다루는 개념을 이해하지 못하면 고등 문법 설명을 알아듣기 어렵습니다. 따라서 고등에 올라가기 전에 중학교 3년 과정의 문법을 완벽하게 정리해 놓는 것이 중요합니다.

중학교 3년 과정의 문법은 다 모아서 보더라도 시간이 오래 걸리지 않습니다. 3년 치 교과서를 보기 힘들다면《개념 있는 중학 국어문법》(지학사),《빠작 중학 국어 첫 문법》(동아출판), 중학교 과정 검정고시 문제집 등을 선택하여 기초부터 확실하게 공부해 나가면 좋습니다.

국어 개념어를 공부해야 수능 국어를 풀 수 있다.

국어 개념어도 반드시 정리하고 넘어가야 합니다. 국어에서 개념어 공부란, 문학 필수 개념, 독서 개념, 문법 개념, 화법과 작문 관련 개념 등을 공부하는 것입니다. 예를 들어 시의 필수 개념이라면 화자, 정서, 태도, 어조, 시상 등을, 소설의 필수 개념이라면 서술자, 시점, 서술 방식, 대화와 서술, 문체, 인물 제시 방법, 구성 등을 먼저 공부합니다. 독서 개념이라면 다양한 내용 전개 방식인 정의, 예시, 비교와 대조, 인과, 나열, 분석, 분류 등이 있겠지요. 이런 개념어를 정확히 이해하고 있으면 낯선 작품이 지문으로 등장해도 당황하지 않고 개념을 적용하여 문제를 풀어낼 수 있습니다. 개별 지문에 나온 국어 지식을 암기하는 것이 나무를 보는 공부법이라면 개념어 자체를 공부하는 것은 숲을 보는 공부법입니다. 이렇게 공부하면 하나를 익혀서 열에 적용할 수 있으니 효율적입니다.

문법에서도 개념을 정확히 알아야 헷갈리지 않습니다. '관형사'와 '관형어'의 차이를 정확히 이해하지 못하는 친구들이 많습니다. 중 3 겨울방학이 되어서도 종속적으로 이어진 문장이 어떤 의미인지, 부사어와 부사가 어떻게 다른지, 품사와 문장 성분이 무엇인지 바로 대답할 수 없다면 겨울방학 동안 문법 개념부터 정리하고 고등 과정에 들어가길 권합니다.

문학 개념은 작품과 연계해서 공부하기

중학교 3학년 2학기부터는 《EBS 윤혜정의 나비효과 입문편》 등으로 문학 개념 정리를 꼼꼼하게 해 두면 좋습니다. 문학은 개념 공부와 개별 작품 읽기를 동시에 하는 것이 효과적입니다. 예를 들어 '시상 전개 방식'을 공부합니다. 이때 '시상 전개 방식'이 시인이 시상을 효과적으로 드러내기 위해 시구나 소재 등을 '일정한 기준에 따라 배열한 것'이라는 개념을 먼저 알아야 합니다. 이러한 시상 전개 방식으로 '시간의 흐름(과거-현재-미래)'에 따른 전개인 '순행적 구성' 혹은 '역순행적 구성'의 개념을 공부합니다. 또는 공간(시선)의 흐름에 따른 전개 방식이 있음을 공부합니다. 시선이 먼

곳에서 가까운 곳으로 간다든지 위에서 아래로 이동한다든지 하는 방식입니다. 혹은 '기승전결', '수미상관'(처음과 끝에 동일하거나 유사한 시구 배치), '선경후정'의 전개 방식 역시 '시상 전개 방식'의 하나라는 것을 공부합니다.

'선경후정'이 먼저 '풍경'을 묘사하고 나중에 화자의 '정서'를 표현하는 방식이라는 것을 공부했다면 그런 전개 방식이 사용된 작품을 확인해야겠지요. 대부분 참고서나 문제집에는 개념에 대한 예시 작품이 함께 수록되어 있습니다. 유리왕의 '황조가'라는 개별 작품에서 '훨훨 나는 저 꾀꼬리 암수 정답게 노니는데'라는 풍경 묘사와 '외로울사 이내 몸은 뉘와 함께 돌아갈꼬.'라는 화자의 감정 표현을 확인합니다. 이렇게 개념과 작품을 연계해서 공부하고 나면 '다음 작품에 드러난 시상 전개 방식은?'이라는 문제를 만날 때 작품 자체가 낯설더라도 당황하지 않고 문제를 풀 수가 있습니다. 어떤 시험 문제도 개념과 작품을 분리해서 단독으로 출제하지 않습니다. 그러니 개념을 정리하는 동시에 문학 개별 작품을 매일 두 작품씩(시간이 안 된다면 일주일에 이틀을 잡아서 세 작품씩)이라도 꾸준히 보는 것이 좋습니다.

필수 고전 문학 미리 훑어보기

중 3 시기에 고전 문학을 미리 공부해 두는 것도 좋습니다. 고전 문학을 중 3 때 선행해야 하는 이유는 고전 문학 자체를 학생들이 어렵다고 느끼기 때문입니다. 어휘 자체가 낯설고, 읽어도 내용 파악이 어려우니 고등학교에 올라가서 고전 문학을 접할 때 학생들이 좌절하기 쉽습니다. 그러나 고전은 주제가 단조롭고 범위가 정해져 있으며 반복적인 표현이 많아 막상 공부해 보면 어렵지 않습니다. 공부하면 쉽지만, 그냥 보면 어려운 영역이라 공부 효과가 눈에 띄게 좋은 부분이기도 합니다. 다른 과목이 급해 도저히 전체 영역을 예습할 시간이 없다면 〈고전 편〉만이라도 학기 중에 돌려보기를 권합니다.

고전 문학 중에서도 먼저 보아야 할 부분이 있다면 단연 시가입니다. 특히, 시조는 고등학교 지필 평가에서 외부 지문이나 선지, 보기 등으로 많이 등장합니다. 고 1이 되어 첫 중간고사(지필 고사)를 치를 때 고전 문학을 전혀 배우지 않았더라도 선지에는 시조가 출제될 수 있습니다. 중학교 과정에서도 시조를 배워 선행 출제가 아니기 때문입니다. 다양한 시조를 미리 접한 친구들은 시의 형식만 보고도 창작 시기, 창작자, 주제 등을 예측할 수 있습니다. 시조에 자주 등장하는 어휘의 종류, 상징적인 의미도 비슷비슷합니다. 그러나 시조를 전혀 접해 보지 않다가 시험장에서 낯선 작품으로 만난다면 당황할 수밖에 없습니다. 유명한 현대 시도 선지에 많이 활용되지만 그나마 현대 시는 읽을 수 있으니 어떻게든 내용 파악이 가능합니다. 시조는 아는 만큼 보인다는 점에서 선행의 효과가 매우 크고 중요하다고 볼 수 있습니다.

문학, 목표를 세워 우선순위대로 공부하기

고등 과정에서 중요한 문학 작품을 모아 놓은 대표적인 자습서가 《해법 문학》 5종입니다. 지나치게 꼼꼼히 보지 않아도 됩니다. 고등학교 1학년 겨울까지 3회독(回讀)을 마친다는 목표를 세워 대표작을 훑어보기 바랍니다. 예비 고 1 과정에서는 1회독을 목표로 하면 됩니다. 작품 해설을 읽다 보면 반복적으로 설명되는 개념이 있고, 작품을 읽는 눈도 생깁니다. 본문을 쓱 읽어보고, 요약된 줄거리를 읽고, 감상 및 해설을 간단히 보는 데는 작품당 20분 정도가 소요됩니다. 제가 3회독을 권하는 이유는 계속 다양한 작품을 넓혀 가며 보는 것보다 같은 작품을 여러 번 볼 때 내용 이해가 빠르고, 개념이 어떻게 적용되었는지 확인하기 편하다는 장점 때문입니다.

어차피 수능에는 낯선 작품이 출제될 확률이 높으므로 개별 작품을 많이 보는 것보다 개념만 확실히 보는 것이 중요하다고 주장하는 선생님들도 간혹 있습니다. 그러나 제 생각은 다릅니다. 저의 경험, 제가 지도해 온 학생들의 사례를 살펴본 결과, 작품을 다양하게 반복해서 보는 과정에서 확실히 문학 감상 능력이 향상됩니다. 현실적으로 소설 부분까지 3회독이 어렵다면 현대 시만이라도 반복해 보면서 감상 능력을 키우길 바랍니다. '현대 시'는 선지에도 많이 활용되므로 중 3이라면 '현대 시 50개 미리 공부하기' 등 단기 목표부터 세워서 공부를 시작할 수도 있습니다. 즉, 고등 입학 전에 문학을 한번 정리해 두면 도움이 되는데, 고전 시가 〉고전 소설 〉현대 시 〉현대 소설의 순으로 공부의 우선순위를 두는 것이 효율적인 방법입니다.

고등 국어 1등급을 준비하는 국어 공부 스케줄

제가 학생이라면 국어 개념 공부를 위해 《EBS 윤혜정의 나비 효과 입문편》을 일주일에 두 번, 하루에 3강씩 듣고, 개별 문학 작품을 보겠습니다. 국어 이해력이 좋은 학생이라면 인강도 처음부터 끝까지 듣기보다 이해가 안 되는 부분만 도움을 받아도 됩니다. 한 학기가 17주이므로 중간고사와 기말고사 기간을 2주씩(총 4주) 빼면 따로 공부할 수 있는 기간이 13주 정도 나옵니다. 만약 매주 화, 목(주 2회) 국어 공부를 하기로 마음먹었다면 뒷장의 표와 같이 계획표를 짤 수 있습니다. 이렇게 한 학기 꼬박 계획을 지켜 공부

한다면 학기 중에 개념을 모두 끝낼 수 있습니다.[9]

《해법 문학》은 11종 국어 교과서와 10종 문학 교과서에 수록된 모든 작품, 총 877편이 수록되어 있습니다. 사실상 모든 작품을 처음부터 끝까지 보는 것은 불가능하고 효율성도 떨어집니다. 주요 작품 위주로 보고, 낯선 작품이 나올 때 찾아보는 식으로 공부하기를 권합니다. 3회독을 하기 위해서는 작품의 수가 적은《해법 문학 Q》를 차례대로 공부하고, 더 자세한 해설이 궁금할 때만 5종 자습서를 찾아봅니다.

처음 1회독을 할 때는 '학기 중 + 방학 기간' 정도의 시간이 걸렸다면 2회독부터는 속도가 붙을 겁니다. 고 1 여름방학까지 2회독, 고 1 겨울방학까지 3회독을 마치고 고 2부터는 기출문제 분석에 들어가도록 목표를 잡아 보는 것이 좋습니다. (고 3 때 기출문제 분석을 권하기도 하는데, 막상 3학년 때는 연계 교재를 꼼꼼히 보기에 바빠 여유롭게 로드맵을 작성한 것입니다.)

다음 표는 개념 공부와 고전 문학 공부를 병행하기 위해 참고서의 차례를 참고하여 계획표를 작성해 본 것입니다. 선택1이나 선택2처럼 개념 강의와 개별 작품을 연계해서 2시간씩 주 2회 문학

---

9   매년 조금씩 강의가 달라지긴 하지만, 보통 90강 정도로 강의가 구성되며 마지막 패턴 연습 부분을 뺀 개념 강의는 76강 정도입니다.

공부를 할 수 있습니다.

	참고서	소요시간	비고
선택1	《EBS 윤혜정의 나비효과》 + 《해법 문학Q》	총 2시간	
선택2	《EBS 윤혜정의 나비효과》 + 《EBS 올림포스 고전문학》		

※ 참고서는 예시임. 다른 개념서, 개별 작품이 실린 다른 참고서 활용 가능

　작품 순서를 따라 자기 주도적으로 공부하면서 해설이 추가로 필요한 부분은 《해법 문학》을 참고하고, 그래도 이해가 안 될 때 영상을 참고하는 식으로 공부할 수도 있습니다. 본인에게 맞는 방법을 찾아서 중학교 3학년 2학기부터는 본격적인 대입 국어 공부를 시작해야 합니다.

〈예비 고 1, 주 2회 문학 공부 계획표 예시〉
I. 개념 강의(60분) + II. 고전 선택 중 하나(60분)

주	날짜	I. 《나비효과 입문편》 강의 듣기 (60분[10])	II. 선택1(60분)		II. 선택 2(60분)
			《해법 문학Q》 고전 시가(30분)	《해법 문학Q》 고전 산문(30분)	《올림포스 고전 문학》
1주	1일차(화)	1–3강	공무도하가, 정읍사,	주몽신화	1강
	2일차(목)	4–6강	찬기파랑가, 제망매가	조신의꿈	2강

10　자기 주도 학습이 된다면 강의를 처음부터 끝까지 듣지 않고 필요한 부분만 들어도 됩니다. 실제 강의 시간은 90분이지만 필요한 부분만 선택해서 듣는다면 1시간 내로 시간을 단축할 수 있습니다.

2주	3일차(화)	7–9강	가시리, 동동	공방전	3강
	4일차(목)	10–12강	정석가, 청산별곡	이옥설	4강
3주	5일차(화)	13–15강	시조(애상과 한탄)	차마설	5강
	6일차(목)	16–18강	시조(명분과 현실대립)	이생규장전	6강
4주	7일차(화)	19–21강	송인, 사리화	만복사저포기	7강
	8일차(목)	22–24강	용비어천가	최고운전	8강
5주	9일차(화)	25–27강	시조(자연을 누리는 삶)	최척전	9강
	10일차(목)	28–30강	시조(사랑과 이별)	박씨전	10강
6주	11일차(화)	31–33강	시조(옛 왕조에 대한 그리움)	홍계월전	11강
	12일차(목)	34–36강	시조(지조와 충절)	숙향전	12강
7주	13일차(화)	37–39강	오륜가, 방옹시여	구운몽	13강
	14일차(목)	40–42강	사우가, 견회요	사씨남정기	14강
8주	15일차(화)	43–45강	만흥, 강호구가	운영전	15강
	16일차(목)	46–48강	전원사시가, 매화사	채봉감별곡	16강
9주	17일차(화)	49–51강	사설시조(임을 기다리는 마음)	유충렬전	17강
	18일차(목)	52–54강	사설시조(고뇌와 시름)	임경업전	18강
10주	19일차(화)	55–57강	사설시조(해학과 풍자)	춘향전	19강
	20일차(목)	58–60강	상춘곡	심청전	20강
11주	21일차(화)	61–63강	만분가	토끼전	21강
	22일차(목)	64–66강	관동별곡	허생전	22강
12주	23일차(화)	67–69강	속미인곡	호질	23강
	24일차(목)	70–72강	고공가, 고공답주인가	규중칠우쟁론기	24강
13주	25일차(화)	73–75강	누항사	춘향가	25강
	26일차(목)	76–78강	농가월령가, 유산가	봉산탈춤	26강

위 공부 계획표는 하나의 예시입니다. 다른 교재로 공부하더라도 이런 식으로 계획을 세워서 자기 주도적으로 공부하면 학원에서 강의를 듣는 것 못지 않게 많은 양을 소화할 수 있습니다. 국어 학원은 보통 주 1회 또는 2회 수업을 합니다. 주 2회라고 해도 오가는 시간까지 포함하면 수업까지 총 3시간 이상 소요됩니다. 그러나 비슷한 시간을 자기 주도적으로 공부하면 더 짧은 시간 내에 많은 작품을 공부할 수 있습니다. 스스로 공부하고 이해가 잘 안 되는 부분은 학교 선생님께 질문하는 등 적극적으로 알아 가려고 할 때 사고력도 키워지고 더 오래 기억에 남습니다.

자기 주도적 학습력이나 실행력이 부족할 때는 방과 후 수업이나 학원의 도움을 받아서라도 일단 시작하는 것이 중요합니다. 사교육비가 부담된다면 마음이 맞는 친구들 몇 명과 함께 공부하는 방법도 있습니다.[11] 계획을 못 지키면 벌금을 내고, 벌금을 모아 떡볶이를 사 먹는 등 본인에게 맞는 동기 유발법을 생각해 내도 좋습니다. 중요한 것은 꾸준히 실천하는 것입니다. 고등에 올라가 국어로 좌절하지 않는 핵심 방법입니다.

---

[11] 현대 문학의 경우, 워낙 방대해서 공부 모임 없이 혼자서 훑어보기는 어렵습니다. 4부 〈고등 국어 공부 로드맵〉의 '방대한 문학, 공부 모임으로 정복하기' 부분에 방법을 수록하였습니다.

중 3 겨울방학,
국어 공부 어떻게 해야 할까요?

중학교 3학년 때 문법 정리, 국어 개념 정리, 고전 문학 정리를 우선적으로 해 두면 좋다고 말씀드렸는데요, 이 중에서 겨울방학을 활용하여 공부할 수 있는 딱 하나만 고르라고 한다면 저는 고전 시가, 그중에서도 시조 공부를 권하고 싶습니다.

시조는 주로 고려 말에서 조선 시대에 창작되었는데 창작 시기에 따라 내용과 형식이 달라집니다. 작품의 형식만 보아도 창작 시기가 조선 전기인지 후기인지 알 수 있습니다. 작품이 다채로운 주제를 담고 있는 것이 아니라 시기별로 유사성을 띠고 있어 어떤 내용을 담고 있는지도 짐작해 볼 수 있습니다. 예를 들어 주로 조선 전기 시조는 유교적인 가치(충, 효, 지조, 절개 등)와 자연 예찬을 담고 있어 내용을 보면 창작 시기를 쉽게 유추할 수 있습니다.

시조를 공부하면 좋은 이유는 고등학교에서 내신 시험에 여러 시조가 선지로 많이 등장하기 때문입니다. 다음은 한 인문계 고등학교 내신 시험에 출제된 문제입니다. 수업 시간에 배운 이규보의 〈청강사자현부전(淸江使者玄夫傳)〉이라는 작품을 문제로 내며, 수업 중에 배우지 않은 다른 시조 작품을 가져와 화자의 삶의 태도를 묻고 있습니다. 아래 ①~⑤번의 시조를 모두 처음 접한다면 체감 난도가 상당히 높게 느껴질 수 있습니다.

예시)

> ## 1. (다)의 밑줄 친 ⓐ에서 느껴지는 화자의 삶의 태도와 가장 거리가 먼 것은? [4.6점]
>
> ① 높으나 높은 나무에 날 권하여 올려두고/ 이보오 벗님네야 흔들지나 말았으면/ 떨어져 죽기는 섧지 아녀도 님 못 볼까 하노라. - 이양원
> ② 매암이 맵다 울고 쓰르람이 쓰다 우니/ 산채(山菜)를 맵다는가 박주(薄酒)를 쓰다는가/ 우리는 초야(草野)에 뭇쳐시니 맵고 쓴 줄 몰내라. - 이정신
> ③ 산촌(山村)에 눈이 오니 돌길이 무쳐셰라/ 시비(柴扉)를 여지 마라, 날 차즈리 뉘 이시리/ 밤즁만 일편명월(一片明月)이 긔 벗인가 하노라. - 신흠
> ④ 서검(書劍)을 못 일우고 쓸듸 업쓴 몸이 되야/ 오십춘광(五十春光)을 해옴 업씨 지내연져/ 두어라 언의 곳 청산(靑山)이야 날 낄 줄이야 잇시랴. - 김천택
> ⑤ 십 년(十年)을 경영(經營)하여 초려삼간(草廬三間) 지여 내니/ 나 한 간, 달 한 간에 청풍(淸風) 한 간 맛져 두고/ 강산(江山)은 들일 듸 업스니 둘러두고 보리라 - 송순

아래 문제처럼 창작 시기를 넘나들며 현대 시와 고전 시가를 엮

어서 출제하기도 합니다. 다음 문제는 현대 시에 나오는 시어와 시적 기능이 유사한 단어를 고전 시가에서 찾도록 출제한 것입니다. 이렇게 낯선 작품을 엮어서 출제해야 1등급을 가를 수 있습니다. 낯선 작품 중에서 길이를 고려하여 선지로 만들기 쉬운 갈래가 바로 시조입니다.

예시)

> **2. 밑줄 친 시어 중 ⓐ와 시적 기능이 가장 유사한 것은?** [4.7점]
>
> ① <u>구름</u>이 무심탄 말이 아마도 허랑하다. / 중천에 떠 이셔 임의로 다니면서 / 구태야 광명한 날빛을 따라가며 덮나니 – 이존오
>
> ② 님에게 보내오려 님 계신 데 바라보니, / 산(山)인가 <u>구름</u>인가 험하기도 험할시고. / 천리 만리 길을 뉘라셔 찾아갈고. – 정철, 〈사미인곡〉
>
> ③ <u>구름</u> 빛이 좋다 하나 검기를 자로 한다. / 바람 소리 맑다 하나 그칠 적이 하노매라. / 좋고도 그칠 적 없기는 물뿐인가 하노라. – 윤선도, 〈오우가〉
>
> ④ 물가의 외로운 솔 혼자 어찌 씩씩한가. / 험한 <u>구름</u> 원망 마라 세상을 가리운다. / 파도 소리 싫어 마라 속세의 시끄러운 소리를 막는도다.
>
> – 윤선도, 〈어부사시사〉
>
> ⑤ 바람도 쉬어 넘는 고개, <u>구름</u>이라도 쉬어 넘는 고개 / 산지니 수지니 해동청 보라매도 다 쉬어 넘는 고봉 장성령 고개 / 그 너머 님이 왔다 하면 나는 아니 한 번도 쉬어 넘어가리라. – 작자 미상

중 3 겨울방학에는 '시조 〉 시조 외 고전 문학(가전체, 가사 등) 〉 문학 개념(이론) 〉 문법 〉 현대 문학'이 중요도 순서라고 생각하고 국어 공부를 해 보면 좋겠습니다. 여기에 '독서'를 넣지 않은 것은 문해력을 키우기 위한 짧은 비문학 독해는 시급성을 떠나 매일 꾸

준히 하는 것이 좋기 때문입니다. 전체 영역을 모두 꼼꼼하게 보면 좋겠지만, 한정된 시간 안에서 왼쪽에 놓인 것일수록 시급하다고 생각하고 정리해 나간다면 중 3 겨울방학을 알차게 보낼 수 있을 것입니다.

4부

고등 국어 공부 로드맵

내신과 수능을 동시에 잡는 국어 공부법

1타 강사도 알고 있는
국어 공부의 본질

저는 유튜브 교육 채널을 즐겨 보는 편입니다. 공교육 현장에서도 수업 변화와 의미 있는 배움을 위한 시도가 계속 있습니다만, 교육 트렌드나 학부모·학생의 욕구에 귀를 열어 두고자 다양한 콘텐츠를 참고합니다. 학령기 아이들을 키우는 다자녀 엄마로서, 학생들을 가르치는 교사로서 배울 점은 배우고 정보를 취사선택하여 적용할 점은 수업 현장에 반영하고자 노력하고 있습니다.

유튜브 교육 채널을 보면 해당 분야의 전문가들이 나와 교육의 변화 흐름과 학부모들이 궁금해하는 다양한 정보를 제공합니다. 물론 일부 영상은 지나치게 상업적인 의도와 목적을 가지고 치우친 정보를 준다고 여겨질 때도 있습니다. 그러나 요즘은 학부모들도 정보를 적절하게 취사선택합니다. 의도적으로 불안감을 조성하거나 상업적 목적이 있는 콘텐츠는 분별하는 모습을 보입니다.

국어 공부의 핵심은 사고력

최근에는 교육 채널들이 진정성 있고 솔직한 의견을 주려고 노력한다는 느낌도 많이 받습니다. 학원 강사인데도 무조건 선행을 강조하거나 문제집을 많이 풀리는 방식을 권하지 않습니다. 당장 본인의 업에는 이득이 없을지라도 필요하다고 여기면 소신 발언하는 것이 요즘의 추세인가 싶기도 했습니다.

그러던 차에 M사에서 국어 강의를 수십 년 하신 명성이 자자한 강사가 출연한 콘텐츠를 보게 되었습니다. 사교육계에 오래 종사한 소위 1타 강사라는 분이 나와 어떤 이야기를 할지 궁금하여 귀기울이고 듣다가 충격을 받았습니다. 이분 또한 학교 현장에서 강조하는 사고력, 창의력, 자기 주도력을 똑같이 중요하게 강조하고 있었기 때문입니다.

학생을 가르쳐 본 사람이라면, 특히 국어를 가르치는 사람이라면 누구나 공감할 것입니다. 중요한 것은 국어 능력의 '본질'을 키우는 일이라는 것을 말입니다. 주입식 강의와 문제 풀이 수업만으로는 절대 길러지지 않는 사고력, 창의력, 독해력, 문제 해결력을 키우기 위해서는 수업의 내용도 달라져야 합니다. 끊임없이 열린 질문을 해야 하고, 깊이 사고하고 토론할 거리를 제공해야 하고, 오랜 시간 책을 읽혀야 합니다. 하지만 쉽지 않습니다. 가르치는 사람도 그렇지만, 학생들도 성과가 눈에 바로 보이지 않는 수업에는 잘 참여하려고 하지 않습니다.

학교 수업은 그나마 수행 평가를 하고, 학생들이 사고하고 창의적인 결과물을 제출하는 활동 과정을 생활기록부에 반영하니 가능한 부분이 있습니다. 그러나 영리를 추구하는 학원에서는 곧바로 성과가 나오지 않는 이런 식의 수업을 진행하기 쉽지 않습니다. '고전 문학 완성', '문법 끝내기' 같은 성과가 바로 보이는 수업이 인기를 끄는 것이 사교육의 생리라 생각했는데, 그 분야의 한가운데 있는 강사마저 '생각하게 하는 것, 사고력을 키우는 것'이 국어 교육의 핵심이라고 하니 이것이 진짜 본질이라는 확신이 다시 생겼습니다.

주어진 내용을 암기하기에도 시간이 너무나 부족하고 할 공부가 많은데 계속 사고력 타령이나 하니 한가한 소리가 아닌가 생각하는 분들도 많을 겁니다. 저 역시 효율성을 중시하는 성격이라 제가 하는 일의 성과가 바로 나오지 않는 것만큼 괴로운 것이 없습니다. 그럼에도 국어의 본질에 진정으로 가까워지는 비결은 '생각하기'라고 확신합니다. 그렇다면 무엇을 어떻게 생각해야 할까요? 그저 '책을 열심히 읽어라', '생각을 많이 해라'라는 조언은 막연하기만 합니다.

'예습하기'가 생각 연습이다

'생각하는 공부'를 위해 가장 실천하기 편하고 효율적인 방법이 있습니다. 바로 '예습하기'입니다. 과목의 특성에 따라 '복습'이 더 중요한 과목도 있습니다. 국어도 문법적인 지식을 다루는 부분은 당연히 복습이 중요합니다. 그러나 문학 작품을 감상하거나 비문학 제재를 접할 때는 예습이 중요합니다. 예습을 통해 스스로 한발 먼저 생각해 보는 연습을 할 수 있기 때문입니다.

사실 학생들은 예습보다 복습을 선호합니다. 그 이유는 복습이 더 쉽기 때문입니다. 쉽다는 것은 뇌가 일하지 않는다는 것을 의미합니다. 이는 사고력을 키우는 데 아무런 도움이 되지 않습니다.

우리는 썩어 가는 참나무 떼,
벌목의 슬픔으로 서 있는 이 땅
패역의 골짜기에서
서로에게 기댄 채 겨울을 난다
함께 썩어 갈수록
바람은 더 높은 곳에서 우리를 흔들고

이윽고 잠자던 홀씨들 일어나
우리 몸에 뚫렸던 상처마다 버섯이 피어난다
황홀한 음지의 꽃이여
우리는 서서히 썩어 가지만
너는 소나기처럼 후드득 피어나
그 고통을 순간에 멈추게 하는구나
오, 버섯이여
산비탈에 구르는 낙엽으로도
골짜기를 떠도는 바람으로도
덮을 길 없는 우리의 몸을
뿌리 없는 너의 독기로 채우는구나

– 나희덕, 〈음지의 꽃〉

예를 들어, 위의 시 나희덕의 〈음지의 꽃〉이 문제집에 나왔다고 합시다. 사전에 아무 정보 없이 이 시를 감상한다면 다음과 같이 사고가 흘러갈 수 있습니다.

"제목이 독특하네? 음지의 꽃? 음지에서 피는 꽃도 있나? '우리'가 '참나무 떼'라니 참나무 떼를 의인화해서 목소리를 내고 있구나, 이 나무들은 썩어서 벌목 당하고 있네. 그런 상황에서도 서로 기대고 있다는 장면에서는 작가가 어떤 말을 하고 싶은 걸까? 바람이 흔들지만 '홀씨'가 일어나서 상처마다 '버섯'을 피워 내고 있네? 아, 알았다! 버섯은 음지에서 피는 곰팡이 같은 식물이니까 상처에 피어난다고 했구나, 제목인 '음지의 꽃'은 바로 버섯이겠네? 참나무가 썩어 가지만 그 상처에서 다시 버섯이 피어나다니 희망적인데? '뿌리 없는 너의 독기'는 독하게 살아 내려는 버섯의 생명력인가 보다."

이렇게 생각하는 것이 예습입니다. 글에 드러나지 않은 정보를 예측하고, 생략된 내용을 논리적으로 추론하며 생각하는 과정입니다.[1]

만약 이 글을 강의로 들었다면 '참나무 떼=의인화', '음지의 꽃=버섯', '뿌리 없는 너의 독기=버섯의 생명력' 하고 그냥 암기해 버렸겠지요. 빨리 지식을 습득할 수 있을지는 몰라도 시를 감상하는 즐거움을 누리기 힘들고, 스스로 생각해 볼 기회를 빼앗기는 셈입니다. 공부했다가도 쉽게 잊어버리고 말 겁니다.

소설도 마찬가지입니다. 이 글에서 이 인물은 왜 이런 행동을 했을까? 이 사건은 앞으로의 사건에 어떤 영향을 줄까? 서술자의 이런 서술은 어떤 효과가 있을까? 끊임없이 생각해 보는 것이 중요합니다. 이런 연습이 너무나 중요하기에 아예 교과서 날개 부분에

---

[1] 2022 개정 교육과정 성취 기준 [12독작01-03] 글에 드러난 정보를 바탕으로 글의 내용을 파악하고 글에 드러나지 않은 정보를 추론하며 읽는다.

읽는 이가 생각해야 할 부분을 질문으로 만들어 놓은 것입니다. 수업 시간에 학생들에게 날개 질문을 주고 생각해 보라고 하면 멍하니 앉아 있다가 선생님이 풀어 줄 때 답을 받아 적는 학생들이 많습니다. 예습할 때 날개에 있는 질문에 스스로 생각하여 답을 달아 보려고 노력해야 합니다.

받아먹지 말고 '스스로' 풀어 보는 경험

'비문학'은 학생들이 가장 예습하기 싫어하는 영역입니다. 어렵고 재미도 없는 글을 스스로 읽어 내야 하는데 도무지 무슨 말인지 모르겠다고 합니다. 선생님이 전체 글의 내용을 구조화하고 요약해서 알려 주면 환한 얼굴로 '이제야 무슨 말인지 알 것 같아요!'라는 학생들이 대부분입니다. 쉽고 편하게 가기 위해 강의부터 찾아 듣기도 합니다. 그러나 비문학도 예습하면서 끈질기게 내용을 이해하기 위해 씨름하는 것이 중요합니다.

아래 비문학 지문을 읽고 문제를 풀 때 학생들은 금방 포기했습니다. 모두가 몇 줄 읽다가 말고는 '빨리 나를 이해시켜 주세요. 설명해 주세요' 하는 눈빛으로 저를 쳐다보았습니다. 국어 수업에서 사용된 지문을 예로 들어 보겠습니다.

국어 제시문 예시

> 기업에서 매출이 발생하면 대금 결제는 대부분 외상 거래로 이루어진다. 매출 채권이란, 기업의 영업 과정에서 재화나 용역을 판매하는 것과 같은 수익 창출로부터 발생한 채권을 말한다. 매출채권은 기업의 수익 인식 요건이 충족되어 매출을 잡는 시점에 예산을 편성하며 외상 거래를 했다고 해서 반드시 어음이나 채권을 주고받지는 않는다. 기업 간에 세금계산서나 거래명세서 발행으로 매출채권이 생겨난다. 이때 회계 처리는 다음 표와 같이 매우 간단하다. 재무상태표의 차변에는 자산이, 대변에는 부채와 자본이 표시된다.

'이게 국어 지문이라고?'라며 반문하는 분들이 꽤 있을 것 같습니다. 국어 문제를 위한 지문이 맞습니다. 실제로 이 수업을 진행할 때 아이들에게 개념을 설명하기 위해 '채권'이라는 경제 개념과 관련된 영상을 보여 주고, 문단별 내용을 요약해서 정리해 주었습니다. 문제의 선지 하나하나를 읽으면서 정답의 근거를 찾아 오답과 정답을 구분해 주었습니다. 그러나 이렇게 받아먹기만 한 학생들이 실제 수능에서 생소한 비문학 지문을 만난다면 어떻게 할까요? 다급한 얼굴로 선생님을 찾아도 이제 설명해 주고 밥을 떠먹여 줄 사람은 곁에 없을 겁니다.

한 시간이든 두 시간이든, 심지어 반나절이 걸리더라도 '스스로' 문제를 풀어 보는 경험을 쌓아야 사고력도 생깁니다. 낯선 문제를 풀어 낸 성취감을 많이 느낀 학생일수록 시험장에서 킬러 문항을 만나도 차분하게 생각 회로를 돌릴 수 있습니다. 당연히 이 글을 바로 해석해 낼 수 있는 학생은 평소 경제 공부를 열심히 한 학생,

관련 서적을 많이 읽은 학생이겠지요.

다음은 EBS 지문과 문제를 변형하여 낸 내신 시험 문항입니다.
지문은 생략하고 문제만 공유해 보겠습니다. 언뜻 보아서는 국어
문제가 아니라 과학 문제로 보입니다.

국어 내신 시험 문제 예시

1. (가)의 내용과 일치하지 않는 것은?

① 상변화 과정에서 물질이 고체에서 액체로 변하면 물질 자체의 엔트로피는 증가한다.

② 저온에서 고온으로 열이 흘러도 에너지의 총량은 변하지 않는 것은 열역학 제1 법칙으로 설명된다.

③ 클라우지우스는 열이 고온에서 저온으로만 이동한다는 것을 설명하기 위해 열량을 온도로 나눈 새로운 물리량을 제안하였다.

④ 볼츠만은 미시적 엔트로피는 어떤 계의 분자나 원자가 취하는 미시적인 상태의 경우의 수에 로그를 취한 값에 비례한다고 보았다.

⑤ 조그만 잉크 방울 속에 잉크를 구성하는 분자가 몰려있는 경우의 수와 넓은 물통에 골고루 퍼져 있는 경우의 수를 따져보면 전자의 경우의 수가 크다.

2. 윗글의 내용과 일치하지 않는 것은?

① 멕스웰의 사고 실험인 도깨비 실험을 통해 열역학 제2 법칙은 변함없음을 결론지었다.

② 열이 고온에서 저온으로 이동하는 것은 엔트로피가 증가하는 현상이며 자발적 과정이다.

③ 클라우지우스는 열역학 제1법칙인 에너지보존법칙을 설명하기 위해 엔트로피를 제안하였다.

④ 볼츠만은 클라우지우스가 제시한 엔트로피의 단위를 일치시키기 위해 볼츠만상수를 비례상수로 도입하였다.

⑤ 실라드는 실제 세계에서 멕스웰의 도깨비는 분자의 속력을 측정하는 수단을 필요로 하고, 도깨비가 정보를 수집하는 행동은 에너지를 소모한다고 하였다.

《EBS 수능 특강》 국어에는 심지어 그래프를 해석하는 문제도 있었습니다. 이런 문제는 과학의 기본적인 개념인 부피, 온도, 기압 등에 대한 정확한 개념을 알지 못하고는 풀 수 없습니다. 그러니 문학책만 많이 읽은 친구가 아닌 다양한 분야의 교과 지식을 충실히 공부한 친구가 국어 성적이 더 높은 겁니다. 따라서 국어를 잘하고 싶으면 사회, 과학 교과서까지 꼼꼼하게 보고, 해당 학년에서 알아야 할 전 교과에 대한 배경지식을 갖추도록 노력해야 합니다. 다양한 배경지식과 '예습'을 통한 끊임없는 생각 연습이 바로 국어 공부의 핵심입니다.

방대한 문학, 공부 모임으로 정복하기

문학은 범위가 정말 넓습니다. 시험에 출제될 문학 작품을 다 공부한다는 것은 사실상 불가능합니다. 수많은 작품 중에서 고등학생 수준에서 꼭 알아야 할, 선별된 대표작이 국어 교과서에 실립니다. 그런데 고등학교 국어 교과서는 12종이나 됩니다.[2]

이 모든 작품을 다 볼 수 있을까요? 당연히 다 보기 어렵고 다 볼 필요도 없습니다. 그럼에도 수능 시험 범위가 고등 전 과정인 것을 생각하면 여러 교과서에 중복하여 실린 작품만큼은 살펴보

---

2 국정에서 검정으로 전환이 확대되면서 출판사마다 다양한 교과서가 나오고 있습니다. 현재 초등 국어 교과서는 1종이나 중학교는 8종, 고등학교는 12종이 됩니다(2022 개정 교육과정에서 변동 가능).

는 것이 좋습니다.

작품 많이 본 만큼 감상력과 이해력 증진

줄거리와 주제를 아는 작품과 낯선 작품은 실제 시험장에서 체감하는 난이도가 매우 다르게 느껴집니다. 대표작은 무조건 공부해서 맞춰야 하는 문제, 낯선 작품은 소설 이론을 적용해서 풀어야 하는 문제라고 생각해야 합니다. 모든 작품이 생소한데 지문을 분석하고 소설 이론을 적용하여 시간 내에 풀겠다는 발상은 위험합니다. 낯선 작품을 분석해 내는 능력도 결국은 연습을 통해 길러질 수 있습니다. 교과서 작품을 열심히 공부했는데 수능에 출제되지 않았다고 허탈해할 일이 아닙니다. 우선 교과서 공부가 내신 시험에는 도움이 되었을 테고, 공부하는 과정에서 낯선 작품을 분석하는 역량도 길러졌을 겁니다. 작품을 많이 본 만큼 문학 감상력, 이해력도 좋아집니다.

제가 쓴 다른 책에서도 소개한 바 있지만, 저는 국어 교사인데 문학을 싫어했습니다. 한국 문학 중에서 전문을 읽어 본 소설이 몇 편 되지 않을 정도입니다. 그러나 문학 문제를 잘 풀고, 어렵다는 임용 고사도 통과했습니다. 비결은 소설 줄거리를 반복해서 읽기, 작품 감상에서 중요한 포인트 확인하기 등으로 꼼수라면 꼼수를 쓴 것입니다. 어차피 실제 시험에 출제되는 지문은 책의 극히 일부분을 발췌한 것입니다. 그러니 줄거리를 완벽하게 파악하면 문제가 쉽게 풀린다고 생각한 겁니다.

제가 도움을 받은 책은 《천재 문학 자습서》(천재교육)입니다. 이 자습서에는 교과서에 실린 거의 모든 작품이 수록되어 있고, 친절하게도 작품마다 어느 출판사에 실렸는지 표시가 되어 있습니다. 12종 교과서에 3번 이상 반복하여 실렸다면 중요한 작품인 겁니다. 이런 작품만 골라도 현대 문학은 80편 이상이 됩니다. 고전 문학은 필수 작품의 수가 많지 않고 이론만 확실하게 해 놓으면 시대에 따라 주제가 비슷하여 어렵지 않습니다. 현대 시도 난해하긴 하지만 분량이 짧고, 이론이 확실하게 되어 있다면 적용하여 풀 만합니다. 그러나 현대 소설은 작품의 길이도 길고, 범위가 워낙 넓어 혼자 공부하기가 쉽지 않습니다. 또한, 강의를 들어도 강의 수가 많아 완주하기가 어렵고 시간 활용 면에서 효율적이지 않습니다.

현대 문학, 공부 모임 통해 효과적으로 공부

이러한 이유로 문학 작품을 공부할 때 4명 정도가 모여서 공부 모임을 꾸리고 함께하는 방법을 추천합니다. 국문학을 전공했으나 문학에 자신 없던 제가 임용 고사를 공부할 때 이렇게 5번 이상 작품을 돌려 보면서 문학을 보는 힘이 생겼습니다.

지난해 겨울에는 저처럼 현대 소설이 막막하다는 학생 4명을 모아 공부 모임을 진행했습니다. 일제 강점기부터 현대까지 주요 작품을 훑어보는 공부였습니다. 물론, 개별 작품을 공부하기 전에 문학 이론(소설의 시점, 구성, 표현 기법 등)을 미리 공부하고(개념서《EBS 윤혜정의 나비효과》참고) 개별 작품에 적용해야 합니다. 제가 생각하는 공부 순서는 문학 이론, 문학의 시대적 특징, 작가의 특징, 개별 작품 순입니다.

이론은 한 번만 확실히 해 놓으면 적용이 무궁무진합니다. 예를 들어 '1인칭 시점의 특징과 한계'에 대해 공부했다면 이 개념은 모든 1인칭 소설에 적용 가능합니다. '설의법'에 대해 공부했다면 거의 모든 시 문제에 설의법 개념을 적용할 수 있습니다. 시대적 특징도 먼저 정리할 필요가 있습니다. 1950년대 소설이라면 6.25 전쟁으로 인한 전쟁의 상흔, 1970년대 소설이라면 민주화, 산업화에 대한 이해가 중요합니다. 그런 후에 개별 작가의 특징을 알아두면 같은 작가의 낯선 시도 해석하기가 좀 더 쉬워집니다.

여기까지 끝낸 후에 공부 모임을 통해 개별 작품을 훑어본다면, 현대 문학을 꽤 효과적으로 공부했다고 할 수 있을 겁니다. 다음 장의 공부 계획표는 천재교육의《해법 문학 현대 소설》로 보충 수업을 진행할 때 작성했던 것입니다. 이렇게 열흘에 걸쳐 현대 문학을 훑어 읽는 수업을 하고 나니 학생들이 어느 순간 소설을 읽는 눈이 생긴 것 같다고 피드백을 주었습니다. 혼자서는 정리할 엄두가 나지 않는 방대한 범위의 공부를 모임을 통해 같이 공부하니 1년 안에 3회독도 가능했습니다.

문학 읽기 '공부 모임' 진행하는 법

다음에 나오는 표를 참고하여 여러분도 직접 공부 모임을 진행할 수 있습니다. 이 표의 대략적인 스케줄은 천재교육의 《해법 문학 현대 소설》의 목차를 참고하여 잡아 본 것입니다. 활용하기 적당한 다른 교재가 있다면 그걸 참고하여 스케줄을 짜도 됩니다.

먼저 준비자 칸에 있는 1~4의 숫자는 해당 작품을 담당하는 공부 모임 일원을 말합니다. 본인이 준비자 '1'이라면 모임 전에 자신이 맡은 두 개 작품을 공부해 와 다른 구성원들에게 설명합니다. 나머지 6개 작품은 2, 3, 4 친구들이 각자 맡아 준비해 온 설명을 들으면서 정리합니다. 돌아가면서 작품당 10분씩만 설명해도 6개 작품을 보는 데 한 시간이 걸립니다. 그다음 시간은 작품마다 실린 문제를 같이 풀어 보고 채점하는 식으로 진행합니다.

저는 공부 모임이 진행되는 동안 학생들이 설명에 어려움을 겪는 부분을 짚어 주고, 문제 풀이가 안 되는 지점에만 개입하여 설명했습니다. 교사 없이 의지가 있는 학생들끼리 자치적으로 진행해도 가능한 활동입니다. 따로 공부 모임을 만들어 공부할 시간이 없다면 학교 동아리를 '문학 읽기반' 등으로 개설하여 창체 동아리 시간을 활용, 운영해 보아도 좋습니다.

<현대 소설 공부 모임 계획표 예시>[3]

날짜	연번	작품명	준비자	페이지
1일차 1월 10일(월)	1	만세전(염상섭)	1	44~75쪽
	2	고향(현진건)	1	
	3	삼대(염상섭)	2	
	4	고향(이기영)	2	
	5	달밤(이태준)	3	
	6	레디메이드 인생(채만식)	3	
	7	소설가 구보씨의 일일(박태원)	4	
	8	떡(김유정)	4	
2일차 1월 11일(화)	9	만무방(김유정)	1	76~107쪽
	10	봄봄(김유정)	1	
	11	화랑의 후예(김동리)	2	
	12	날개(이상)	2	
	13	동백꽃(김유정)	3	
	14	메밀꽃 필 무렵(이효석)	3	
	15	천변풍경(박태원)	4	
	16	복덕방(이태준)	4	

---

3   천재교육 《해법 문학 현대 소설(2022년용)》 목차 참고

3일차 **1월 12일(수)**	17	치숙(채만식)	1
	18	태평천하(채만식)	1
	19	돌다리(이태준)	2
	20	술 권하는 사회(현진건)	2
	21	태형(김동인)	3
	22	임꺽정(홍명희)	3
	23	물(김남천)	4
	24	사랑 손님과 어머니(주요섭)	4
4일차 **1월 13일(목)**	25	사하촌(김정한)	1
	26	방란장 주인(박태원)	1
	27	패강랭(이태준)	2
	28	논 이야기(채만식)	2
	29	미스터 방(채만식)	3
	30	역마(김동리)	3
	31	유예(오상원)	4
	32	수난이대(하근찬)	4
5일차 **1월 14일(금)**	33	너와 나만의 시간(황순원)	1
	34	압록강은 흐른다(이미륵)	1
	35	소나기(황순원)	2
	36	비 오는 날(손창섭)	2
	37	나상(이호철)	3
	38	광장(최인훈)	3
	39	꺼삐딴 리(전광용)	4
	40	시장과 전장(박경리)	4

3일차 108~124쪽
4일차 125~151쪽
5일차 152~175쪽

6일차 **1월 17일(월)**	41	역사(김승옥)	1	176~207쪽
	42	서울, 1964년 겨울(김승옥)	1	
	43	1965년, 어느 이발소에서(이호철)	2	
	44	토지(박경리)	2	
	45	관촌수필(이문구)	3	
	46	삼포 가는 길(황석영)	3	
	47	장마(윤흥길)	4	
	48	겨울 나들이(박완서)	4	
7일차 **1월 18일(화)**	49	카메라와 워커(박완서)	1	208~239쪽
	50	난장이가 쏘아올린 작은 공(조세희)	1	
	51	아홉 켤레의 구두로 남은 사내(윤흥길)	2	
	52	우리 동네 황 씨(이문구)	2	
	53	은강 노동 가족의 생계비(조세희)	3	
	54	소리의 빛(이청준)	3	
	55	도요새에 관한 명상(김원일)	4	
	56	엄마의 말뚝2(박완서)	4	
8일차 **1월 19일(수)**	57	그해 겨울은 따뜻했네(박완서)	1	240~271쪽
	58	태백산맥(조정래)	1	
	59	완장(윤흥길)	2	
	60	생명(백남룡)	2	
	61	해산바가지(박완서)	3	
	62	격정시대(김학철)	3	
	63	흐르는 북(최일남)	4	
	64	비 오는 날이면 가리봉동에 가야한다 (양귀자)	4	

	65	마지막 땅(양귀자)	1	
9일차 **1월 20일(목)**	66	허생의 처(이남희)	1	272~288쪽
	67	빼떼기(권정생)	2	
	68	무진기행(김승옥)	2	
	69	병신과 머저리(이청준)	3	
	70	줄(이청준)	3	
	71	나목(박완서)	4	
	72	큰 산(이호철)	4	
10일차 **1월 21일(금)**	73	눈길(이청준)	1	289~371쪽
	74	자전거 도둑(박완서)	1	
	75	사평역(임철우)	2	
	76	유자소전(이문구)	2	
	77	황만근은 이렇게 말했다(성석제)	3	
	78	황진이(홍석중)	3	
	79	남한산성(김훈)	4	
	80	소년을 위로해 줘(은희경)	4	

비문학은 꾸준함이 정답, 요령은 있다

문학은 공부하면 비교적 단기간에 점수를 올리기가 쉬운 영역입니다. 그러나 비문학은 어떻게 공부해야 할지 막막하고, 공부하는 만큼 실력이 향상되는 것을 체감하기 힘듭니다. 흥미로운 것은 기본 독해력이 있는 친구들은 이와 반대로 생각한다는 점입니다. 이 학생들은 비문학은 공부하지 않아도 문제를 푸는 데 특별한 어려움이 없다고 말합니다. 타고 난 기초 체력이 있는 사람(혹은 꾸준히 기초 체력을 단련한 사람)이 단기간 특훈을 받지 않아도 달리기를 잘할 수 있는 것과 같습니다.

저는 국어 교사로서 다행히 언어 감각이 있는 편이었고, 독해가 어렵다는 말에 크게 공감하지 못했습니다. 반면 수학을 잘해서 수학 교사가 된 제 쌍둥이 오빠는 왜 수학이 어려운지 공감하지 못했습니다. 복잡한 수학의 풀이 과정을 제가 외우고 있으면 그냥 이해하면 될 걸 왜 외우느냐고 타박 아닌 타박을 했습니다. 사람마다 그냥 되는 영역이 있고, 노력해야 잘할 수 있는 영역이 있습니다.

독해의 전략이 필요한 이들이라면

제가 초임 교사였을 때만 해도 노력해도 독해가 어려운 친구들이 있다는 사실을 잘 몰랐습니다. 그냥 읽으면 알 수 있는 내용을 왜 복잡하게 분석해야 하는지도 공감하기 어려웠습니다. 국어를 잘하려면 독서를 많이 하는 것이 정석인데, 기술적으로 접근한다는 것에 대한 거부감도 있었습니다. 그러나 학생들을 가르치며 독해에 어려움을 겪는 아이들을 실제로 많이 만나게 되었고, 이 아이들에게 어떻게 하면 독해를 전략적으로 가르칠 수 있을지 고민하게 되었습니다.

독해의 전략을 필요로 하는 친구들에게 제가 추천하는 책은 이미 유명한 《국어의 기술》(좋은책 신사고) 시리즈입니다. 국어 영역에서 꽤 인지도 있는 책이어서 저자가 당연히 국어 교육학을 전공했거나 국어 관련 학과 출신이라고 생각했습니다. 그런데 의외로 이 책을 쓴 저자 이해황 씨는 자연계 대학을 졸업했다고 합니다. 본인이 국어 공부할 때 어려웠던 경험을 바탕으로 이과생답게 기출문제를 꼼꼼히 분석하면서 나름의 기술을 터득한 것입니다. '왜 국어는 독학이 가능한 책이 없을까?'라는 문제의식에서 책을 집필했다고 해서인지, 역시 혼자 공부해도 어려움이 없을 만큼 설명이 친절합니다.

유명한 강사 중에는 본인이 그 분야를 공부할 때 어려움을 겪었던 이들이 있습니다. 제 아이가 영어 문법을 어려워하여 온라인 영어 수업을 듣고 있는데, 그 수업의 선생님이 'be 동사'와 '일반 동사' 구분법을 놀랍도록 쉽게 설명하는 것을 보았습니다. 그 설명을 하시면서 "이런 설명은 일반적으로 선생님들이 하지 않는다. 왜냐하면 너무 당연해서 선생님들은 궁금하지 않기 때문이다."라고 덧붙이셨습니다.

독해도 마찬가지라고 생각합니다. 그냥 읽어도 내용이 정리되는 사람은 그냥 읽으면 됩니다. 굳이 독해 전략을 배우지 않아도 중심 단어, 문단별 내용이 머릿속에 정리가 되기에 필요성을 잘 모릅니다. 그러나 그냥 읽는 것으로 내용 정리에 어려움이 있는 학생이라면 전략적으로 독해하는 방법을 배우는 것이 큰 도움이 됩니다.

독해 전략 체화하기

독해 전략에 관한 연구는 오랜 기간 진행되었습니다. 전략을 어떻게 가르칠 것인가에 대한 고민으로 다양한 수업 모형도 개발되었습니다. 읽기 전, 중, 후로 나누어 미리 보기, 예측하기, 중심 생각 찾기, 연결 짓기 등 다양한 전략이 이론적으로 소개되었지만, 실제 시험 상황에서는 이론적 전략을 떠올릴 시간이 없습니다. 수많은 연습 끝에 체화된 습관이 반사적으로 나와야 의미 있는 전략이 되는 것입니다.

학생들에게 제가 다양한 전략을 소개해 본 결과, 가장 효과적이었던 전략은 첫째, 긴 지문의 내용을 간단히 '표로 정리하기'입니다. 상반된 주장을 다루거나 두 개 이상의 이론을 소개하는 글이 있다면 각각의 입장을 간단하게 도식화합니다. 예를 들어, '국제 정치학의 주요 이론과 한계'를 다루는 비문학 지문이 있다면 이를 아래처럼 표로 그리고, 핵심 키워드를 넣습니다. 지문을 읽어 가는 과정에서 시험지 여백에 간단히 표로 정리하면 됩니다. 실제 시험 상황에서는 표도 십자 모양으로 간단히 그리고, 더 짧은 키워드를 넣습니다. 그 정도로도 선지가 어느 이론에 해당하는 것인지 구분할 수 있습니다.

이론	핵심 주장	한계
신현실주의	국가 간 이익의 상충 → 자조(自助)	냉전의 종식을 예측 못함.
신자유주의	이익을 위해 국가 간 협력 가능 → 국제 제도	

둘째, '중심 문장 찾아 대괄호 표시하기'입니다. 1초도 아껴야 하는 시험 상황에서 저는 문단마다 가장 중요한 중심 문장에 대괄호 표시만 합니다. 중심 문장을 한눈에 찾을 수 없다면 강박을 갖지 않고 그냥 넘기면 됩니다. 그러나 보통은 문단 자체가 중심 문장과 뒷받침 문장으로 구성되어 있으므로 어렵지 않게 찾아낼 수 있습니다. 이렇게 대괄호 표시를 해 두면 글을 다 읽고 나서 다시 훑어볼 때 5개 정도의 문장만으로도 전체적인 글의 흐름을 파악할 수 있습니다. 비문학 독해 지문은 보통 5~6개의 문단으로 구성되어 있으므로 대괄호 5~6개의 조합만으로도 전체 글의 내용을 떠올려 보는 효과가 있습니다.

셋째, '독해 기호 사용하기'입니다. 중심 문장만 표시하는 것이 아니라 글의 구조와 내용에 따라 여러 기호를 활용하여 지문에 표시하며 글을 꼼꼼히 파악하는 전략입니다. 예를 들어 접속 관계에 따라 병렬의 의미이면 더하기(+), 인과의 의미이면 화살표(→)로 표시하고, 내용 중 질문에 해당하는 부분에는 Q, 답변에 해당하는 부분에는 A 등으로 표시하는 방식입니다.

앞서 소개한 《국어의 기술》이라는 책은 0단계부터 이러한 전략을 하나씩 습득하여 바로 적용하여 풀어 보는 방식으로 구성되어 있습니다. 그렇게 차근차근 기술을 쌓다 보면 혼자 새로운 지문을 접하더라도 배운 기술을 활용하여 완벽한 독해를 해낼 수 있습니다. 물론 자신만의 독해 전략으로 완전히 습득하여 자유자재로 써

먹을 수 있을 때까지는 많은 연습이 필요합니다. 최소 4번 이상 반복하여 책을 보면서 독해의 전략을 체화(體化)해 나가라고 저자는 권합니다.

이런 기호를 군이 배우지 않더라도 능숙하게 독해하는 친구들은 나름의 기호를 사용합니다. 그러나 전략 없이 대충 눈의 흐름으로 독해하던 친구들은 독해 전략(기술)을 하나씩 익혀 적용해 갈 때 독해 실력이 좋아지는 것을 확실히 느끼게 됩니다. 간혹 어떤 친구들은 고 3이 될 때까지 눈으로만 지문을 읽기도 합니다. 분명 시험을 끝낸 시험지인데 지문은 깨끗하고 답 체크만 되어 있는 것을 보고 놀란 적이 있습니다. 눈으로 쓱 읽어도 답이 보이는 천재이거나 대충 풀어서 많이 틀리는 학생이 그렇습니다. 안타깝게도 보통은 후자인 경우가 많습니다.

공부는 눈으로 하는 게 아니라 손을 부지런히 움직이며 해야 합니다. 직접 책을 보면서 기술을 하나씩 연습해 나가다 보면 길고 낯선 비문학 지문을 분석해 내는 데 큰 도움이 될 것입니다.

화작과 언매,
어떤 선택이 유리할까

고등학교 1~2학년 학생들이 가장 많이 고민하는 것이 '무엇을 선택할까?'입니다. 보통 2~3학년 교육 과정은 고1 시기 대략적인 수요 조사를 통해 결정됩니다. 다행히 1학년은 '국어'가 공통 과목이어서 선택할 필요가 없습니다. 국어 안에 화법과 작문, 언어와 매체, 독서, 문학 등 모든 영역이 단원별로 포함되어 있기 때문입니다.

이는 다른 과목도 마찬가지입니다. 1학년 때 배우는 공통 과목인 '통합 과학'은 2~3학년의 선택 과목인 '물리, 화학, 생명과학, 지구과학'을 모두 포함합니다. 따라서 고1 시기에 공부하며 선택을 준비할 수 있습니다. 과목 선택을 할 때 가장 중요한 기준은 '내가 잘할 수 있는가?'입니다. 내신과 수능에서 등급을 잘 받을 수 있는 과목을 선택하는 것은 너무 당연합니다.

고1 시험지가 주는 정보를 선택에 활용하라

내가 어떤 영역을 잘하고 못하는지는 고 1 국어 성적을 기준으로 봐야 합니다. 국어는 단원별로 어떤 단원이 '화법과 작문(이하 화작)'이고, 어떤 단원이 '언어와 매체(이하 언매)'인지 구분되어 있습니다. 따라서 지필 고사 결과를 보고 자신의 문항을 꼭 분석해 보아야 합니다. 특히 1학년 시험지가 주는 정보는 너무 소중합니다. 고등학교 첫 상대 평가 시험에서 좌절한 학생들이 시험지를 버리고 가 버리는 경우가 많은데 이는 고급 정보를 쓰레기통에 넣는 것과 같습니다. 문항 분석 결과, '화작'에 오답이 많다면 '언매'를 선택하고, '언매'에 오답이 많다면 '화작'을 선택하는 것이 좋습니다. 그러나 여기에 변수가 하나 더 있습니다.

간단해 보여도 이 선택에서 고민하는 이유는 크게 두 가지 경우입니다. 첫째, 공부를 잘하는 최상위권 친구들이 대부분 '언매'에 몰려 있어 언매를 선택할 경우 내신 등급을 따기 어렵다는 걱정입니다.[4] 둘째, '화작'은 쉬워 당장 점수가 잘 나오긴 하는데 시간 단축을 위해서는 '언매'가 유리하지 않을까 하는 고민입니다.

결론부터 말하자면 고 1 모의고사 3등급 이상이나 문제를 풀 때 시간이 부족한 친구들은 '언매'가 유리하다고 생각합니다. '언매'는 문법 문제가 주가 되는데 문법 공부는 겨울방학 두 달만 투자하더라도 핵심적인 내용을 공부할 수 있습니다. 확실히 공부해 두면 답이 명확해서 빨리빨리 풀 수 있고 오답률도 줄일 수 있습니다. 2022 수능에서는 표준 편차에서도 '언매' 선택자가 유리한 것으로 나타났습니다.

그러나 모의고사 4등급 이하로 점수가 나오는 친구들은 안전하게 '화작'을 선택하여 쉬운 문제를 실수 없이 맞히는 것이 유리할 수 있습니다. 어려운 문법을 완벽하게, 실수 없이 소화할 역량이 안 되는 친구들도 많습니다. 이런 친구들은 문법 공부에 시간을 쏟다가 오히려 스트레스를 많이 받고 국어에 흥미를 잃을 수도 있기에 '화작'을 선택하는 것이 좋습니다.

만약 고 3에 '언매'와 '화작'이 모두 선택 과목이라면 내신은 '화작'을 선택하여 안전하게 1, 2등급을 받고, 수능은 '언매'를 선택하는 것도 위험하지만 하나의 전략입니다. 왜냐하면 고 3 내신의 경

---

4 2025년 고등학교 입학생(2009년생)부터는 2022 교육과정의 적용을 받으므로 과목 선택에 따른 내신 등급은 우려하지 않아도 됩니다. 2015 교육과정에 해당하는 2008년생(23년 기준 중3)까지만 일반 선택 과목이 상대 평가입니다.

우 수업 시간에 선택 과목만 다루는 것이 아니라 수능에 출제되는 문학과 비문학도 《EBS 수능 특강》 교재로 함께 다룹니다. (EBS 연계율이 높다 보니 선택 과목 외의 영역도 다루는 학교가 많습니다.) 심지어 문학이나 독서(비문학)를 더 큰 비중으로 다루고 선택 과목은 몇 단원만 들어가기도 합니다.[5]

이런 경우 '화작'을 선택해도 문학이나 비문학을 공부하는 것은 '언매' 선택자와 똑같으나 내신에는 더 유리할 수 있습니다. 최상위권 학생들이 '언매'를 선택하는 경향 때문이지요. 수능에 추가되는 문법만 방학 동안 열심히 공부한다면 수능에서 '언매' 시험을 보아도 부족함이 없다고 생각합니다.

단순하게 선택하고 흔들림 없이 공부하라

그럼에도 결정에 어려움이 있다면 단순하게 생각해도 좋습니다. 문법을 좋아하면 '언매', 그렇지 않으면 '화작'을 선택하는 겁니다. 좋아하는 과목은 잘할 수밖에 없습니다. 저는 국문과에서 문학 수업을 거의 듣지 않았습니다. 어학이 재밌어서 중세 문법부터 각종

---

[5] 학교마다, 선생님마다 다를 수 있으므로 졸업생이나 선배를 통해 수업이 어떻게 진행되는지 미리 알아봅시다.

문법 수업만 골라 들었습니다. 문학은 공부해도 성적이 나오지 않고, 문법은 공부한 양에 비해 성적이 좋았습니다.

반면 문학소녀였던 국문과 친구는 문법 대신 문학 수업만 골라 들었는데, 나중에 임용 고사를 치를 때도 문학 성적이 높게, 문법 성적이 낮게 나왔습니다. 적성과 흥미에 따라 과목 선택하는 것이 고교학점제의 취지이기도 한 만큼 유불리를 따지기 어렵다면 단순하게 좋아하는 과목을 선택하는 것도 현명한 방법입니다. 대신 선택했다면 더 이상 고민하지 말고 최선의 선택임을 믿고 흔들림 없이 공부에 집중하는 것이 중요합니다.

중등과 다른 수행 평가 준비

고등학교에서 내신 성적은 중학교와 비교할 수 없을 만큼 민감하게 여겨집니다. 중학교 성적은 특목고나 자사고 등에 진학하는 학생들에게는 중요할지 몰라도 대다수 학생에게는 큰 의미가 없습니다. 중학교 성적을 '아름다운 쓰레기'라고 자조적으로 말하는 이들도 있습니다. 아마 중학교까지 '올(all) A'를 받아 대단하게 의미 부여를 했는데, 고등학교에 오니 4~5등급을 받아 충격과 분노를 느껴서 하는 말이라고 짐작해 봅니다.

물론 중학교 성적도 자신의 객관적 위치를 가늠하고, 시행착오를 통해 공부 방법을 배워 나갈 수 있기에 중요합니다. 단, 중학교에서 A 등급을 받았더라도 절대 평가이기에 최상위 점수라고 판단하기 어렵습니다. 한 학급에서 10명 이상의 학생에게 A를 주는 평가에 후한 학교였다면 고등학교에서는 4~5등급을 받을 수도 있습니다. 성적이 떨어진 게 아니라 고등학교 등급은 상대 평가로 오직 4%의 학생만 1등급을 받기 때문입니다.

상대 평가로 인한 내신 경쟁과 수행 평가

고등학교에서 내신 등급은 중학교와는 다릅니다. 아래 상대 평가 내신 등급표를 참고하면 고등학교 평가에서 1~2등급을 받기가 얼마나 어려운지 알 수 있습니다.

〈상대 평가 내신 등급표〉

등급	비율	누적비율	30명	100명	300명
1	4%	0~4%	1명	4명	12명
2	7%	5~11%	3명	11명	33명
3	12%	12~23%	6명	23명	69명
4	17%	24~40%	12명	40명	120명
5	20%	41~60%	18명	60명	180명
6	17%	61~77%	23명	77명	231명
7	12%	78~89%	26명	89명	267명
8	7%	90~96%	29명	96명	288명
9	4%	97~100%	30명	100명	300명

중학교에서 A 등급을 받았던 학생들끼리 1~5등급을 나누어 갖게 된다고 생각하면 쉽습니다. 그러니 고등학교에서는 한 문제로 등급이 바뀌고 피를 말리는 내신 경쟁을 하게 되는 겁니다. (2022 개정 교육과정에 따라 2025년 고등학교 입학생부터는 선택 과목이 모두 절대 평가로 바뀌었으나 고등학교 1학년은 여전히 상대 평가입니다.)

상황이 이러니 단 1점의 감점에도 평가에 수긍하지 못하면 학생들은 끊임없이 문제를 제기합니다. 저는 이런 학생들의 항의가 교사에 대한 존경심이 없거나 건방져서라고 생각하지 않습니다. 상대 평가라는 평가 방식 때문에 아이들이 이렇게 예민해진 것입니다. 교사의 평가 또한 조심스러워졌습니다. 논술 시험마저 오직 객관적인 기준에 의해서만 채점합니다.

예를 들어, 근거를 3가지 들어 서술하라고 했는데 2가지만 들었다든지 1,500자 이상 논술을 쓰라고 했는데 분량이 미달이라든지 이러한 객관적인 조건을 충족하지 못했을 때 감점 대상이 됩니다. 사실 교사는 학생이 제출한 논술문을 읽고 수행 결과물을 보며 논리의 흐름이 자연스럽지 못하거나 근거가 약하다고 생각할 수 있습니다. 그러나 이런 이유로 감점했다가는 문제 제기에 대처하기가 어렵습니다.

수행 평가만큼은 만점을 목표로

그렇기에 보통 국어 과목에서 수행 평가로는 무리해서 점수를 깎지 않습니다. 조건에 맞추어 성의 있게 글을 쓰고, 성실하게 과제를 해내기만 하면 수행 평가에서는 만점을 받을 수 있습니다. 그런데도 의외로 수행 평가에서 만점을 받는 학생이 많지 않습니다. 아마도 포트폴리오식 평가라면 매시간 성의 있는 결과물을 제출하기 쉽지 않고, 논술문도 제한 시간 내에 분량을 채워 쓰기가 어렵기 때문이 아닐까 짐작해 봅니다. 미리 개요도 짜 보고 연습 삼아 한번 써 보지 않으면 50분 수업 중 보통 45분 평가가 진행되므로 시간이 부족한 경우도 많습니다. 그러나 조금만 신경 써서 노력하면 만점을 받을 수 있는 평가가 고등학교에서의 수행 평가입니다.

수행 영역에 따라 문법적 지식을 묻는 평가나 답이 있는 논술에서 감점이 되는 것은 어찌할 수 없지만, 노력하면 만점을 받는 평가에서 감점이 되는 사례는 매우 안타깝습니다. 지필 평가 만점은 받기 어려우나 수행 평가 만점은 노력하면 가능성이 있기 때문입니다. 수행 평가는 무조건 만점을 목표로 해야 지필 평가에서 아쉽게 틀리는 실수가 나와도 만회할 수 있습니다.

고등학교에서도 이제 수행 평가는 전체 평가의 40% 이상인 경우가 많습니다. 수행을 잘해야 성적을 잘 받을 수 있고, 재학생 전형이라 불리는 학생부 전형에서 유리한 고지를 차지할 수 있습니다.

대부분의 교과에서는 수행 평가에 포트폴리오 형식의 평가가 포함됩니다. 매시간 도장을 받는다든지 학습지를 작성한다든지 꾸준히 활동하는 과정을 평가받는 것입니다. 이런 평가에서는 오로지 성실함이 무기가 됩니다. 몸이 아파 조퇴하더라도 빠진 학습지를 챙기고, 필기를 베껴서 도장을 받는 등 최대한 감점이 없도록 신경을 써야 합니다.

학교마다 차이는 있겠지만, 평소에 성실하게 노력하면 무리해서 감점하지 않는 것이 일반적인 고등학교의 수행 평가 방식이니만큼 최선을 다해 점수를 확보하길 바랍니다.

자소서를 대체하는
교과 세부 능력 및 특기 사항

2024년 대입부터 자기소개서(자소서)가 전면 폐지됩니다. 독서와 수상, 학교 밖 봉사 내역도 미반영되는 등 이미 학생부의 많은 영역이 대폭 축소되었습니다.[6] 학생부의 많은 영역이 축소되고 자소서까지 폐지되면서 상대적으로 중요해진 영역이 교과 세부 능력 및 특기 사항(이하 세특)입니다. 세특은 '성적'으로만 설명하기 어려운 학생의 수업 참여도, 배움, 깨달음 등을 기록할 수 있습니다. 대학에서는 세특을 통해 학생이 수업 중에 어떤 것을 배웠고 깨달았

6　전반적인 최근 입시 및 학교생활기록부 기재 변화에 대해 알고 싶은 분은 제가 2021년도에 집필한 《엄마와 아이가 반드시 알아야 할 슬기로운 고등생활》을 참고하시길 바랍니다.

는지, 리더십, 협동심, 진로 희망, 독서의 수준과 깊이까지 많은 정보를 알아냅니다.

진로 방향을 보여 줄 수 있는 국어 세특

국어 과목의 세특은 국어 수업에 대한 정보만을 담고 있을 것 같지만 실제로는 그렇지 않습니다. '독서'가 모든 범주의 글을 다 다룰 수 있어 학생의 진로에 대한 관심사를 보여 주기 좋은 영역입니다. 예를 들어 다음 장의 〈수행 평가(발표와 글쓰기) 진행 사항〉을 보면, 표면적으로는 3학년 '화법과 작문' 시간에 발표와 글쓰기라는 국어 요소를 평가한 것이지만, 제재로 활용한 지문이 개별 학생의 관심사에 따라 확연히 달라지는 것을 볼 수 있습니다. 어떤 지문을 선택했느냐에 따라서 학생의 진로 희망이 드러나는 것입니다.

이 수행 평가는 《EBS 수능 특강》의 독서 지문을 분석, 내용을 구조화하여 요약하고(작문), 본인이 심화 탐구한 내용을 청중을 고려하여 발표(화법)하는 수업에서 진행한 것입니다. 오른쪽의 반, 번호는 실제로 제가 수업한 학급에서 자신의 진로와 관심사에 따라 지문을 선택한 학생들의 정보를 보여 줍니다. 국어 능력을 평가하는 수행 평가에서 학생들이 직접 본인의 관심사와 흥미를 내는 방식으로 국어 과목 세특에 국어 역량뿐 아니라 관심 분야와 진로에 대한 정보를 자연스레 보여 줄 수 있습니다.

〈수행 평가(발표와 글쓰기) 진행 사항〉

분야	제재	《수능 특강》(쪽)	반	번호
인문/예술	구조주의 언어학과 인류학	58	6	18
사회/문화	정부부채	121	6	9
사회/문화	스크린 쿼터제와 직업의 자유	141	9	1
과학기술	관계형 데이터베이스와 릴레이션	185	4	9
인문/예술	숨어있는 전제와 결론	62	2	23
인문/예술	버클리의 관념론	92	2	2
사회/문화	소비자의 지각과 마케팅	113	5	13
과학기술	밴팅의 인슐린 연구	177	4	12
인문/예술	카유아의 놀이에 대한 이론	70	2	18
사회/문화	범죄와 정당방위의 성립요건	129	8	12
사회/문화	점도	197	6	13
과학기술	웨어러블 신축 자외선 센서	201	10	24
인문/예술	아도르노의 음악론과 대중음악 비판	83	2	24
사회/문화	혐오 표현과 법적 규제	132	9	16
사회/문화	신종 사채의 종류와 특징	150	5	17
과학기술	자기 치유 기술	205	11	21
	IP주소와 서브넷 마스크	213	8	20
인문/예술	니체의 예술 철학	96	3	7
사회/문화	소비자의 인지적 학습과 행동적 학습	145	9	3

사회/문화	정부의 입법 절차	154	2	15
과학기술	당알코올의 기능과 효과	217	6	11
	지혈의 과정	221	2	22

학생들이 다양한 제재로 글을 쓰고 발표한 모든 활동은 '세부 능력 및 특기 사항'에 다음과 같이 기록될 수 있습니다. 예시와 같이 학생의 진로와 전공에 관한 역량을 특히 강조한 세특도 있으니 참고하시기 바랍니다.

예시1. '문예창작과'를 희망하는 학생이 '언어'에 대한 관심을 드러낸 세특

소쉬르의 구조주의 언어학과 레비스트로스의 구조주의 인류학에 대한 글을 읽고 문단별 핵심 내용을 요약함. 핵심 개념인 기호, 기표, 기의, 랑그와 파롤에 대해 마인드맵을 그려 구조적으로 정리함. 지문과 관련하여 구조주의 비평에 관해 심화 탐구하고 활동지를 작성함. 구조주의가 이질적인 문화권에 수용되는 과정에서 잘못 해석되는 이유는 서로 다른 비평 양식을 사용하기 때문이라는 자료를 추가로 조사함. 각 나라마다 다른 언어와 문화를 형성하고 있으며 구조주의 관점에 따르면 사람들의 사고가 다를 텐데, 시대와 언어를 초월하는 위대한 명작이 탄생한다는 사실에 흥미를 느끼고 이 부분을 깊이 탐구하고 싶다는 활동지를 작성함. 친구들의 발표도 경청하여 들으면서 '발표 수업 정리지'를 빠짐없이 작성하고 평가하는 성실한 태도를 보임. 평소 수업 시간에 열의를 갖고 임하며 주어진 과제를 최선을 다해 완수함. 매시간 칭찬 도장을 빠짐없이 받는 등 수업에 임하는 태도와 노력이 기특한 학생임. 자신이 분석한 지문과 탐구 내용을 발표하는 수업에서 첫 발표를 자원하여 자신감 있는 태도로 발표하고 친구들의 질문에 성의껏 대답함. PPT 자료를 깔끔하게 만들고 바른 태도와 적절한 성량, 화법으로 발표하여 친구들의 호응을 이끌어 냄.

예시2. '무역학과'를 희망하는 학생이 '관세'에 대한 관심을 드러낸 세특

불공정 무역 행위로부터 자국 산업을 보호하기 위한 대표적인 제도인 반덤핑 관세와 상계 관세에 대한 글을 읽고, 문단별 핵심 내용을 요약함. 반덤핑 관세의 부과 과정에 관해 설명하는 글을 알기 쉽게 구조적으로 정리함. 덤핑 관세와 반덤핑 관세, 보조금과 상계 관세라는 다소 어려운 개념을 이해하고자 어려운 어휘를 찾아보면서 최대한 쉽게 설명하고자 노력하는 모습을 보임. 미국 세탁기 반덤핑 조치에 대해 추가로 조사하고, 미국의 반덤핑 관세, 세이프 가드 조치로 국내 산업의 수출이 피해를 입고 경제가 침체되는 것을 막기 위한 전략을 만들어야 한다는 내용의 주장하는 글을 씀. 주장에 대한 근거가 적절하고, 참고 자료를 찾아 주장을 뒷받침하는 성의가 돋보임. 미국의 조치가 자국 기업의 생산과 소비를 높일 뿐만 아니라 타국 기업의 생산 공장을 설치하게 함으로써 노동자들의 일자리 증가에도 영향을 미쳤음을 새롭게 알게 되었다는 활동지를 작성함. 한국은 보복 권한 승인을 받았으나 정치, 경제적 이유로 보복 권한 자체를 시행하지 못한다는 점에서, 경제는 각기 다른 분야와 깊이 연관되어 있다는 것을 깨달았다는 소감을 씀. 앞으로 비슷한 사례에서 우리나라 기업의 피해량과 이런 피해를 완화시키기 위한 정부와 개인의 전략을 더 조사해 보고 싶다는 생각을 논리적으로 작성함.

예시3. '교육학과'를 희망하는 학생이 '교육'에 대한 관심을 드러낸 세특

관계형 데이터베이스를 다룬 글을 읽고, 핵심 내용을 요약함. 이는 사물들의 관계를 표로 나타내어 데이터를 정리하는 방식이라 소개함. 글의 내용을 명확히 파악하여 릴레이션에서는 데이터값을 자유롭게 변형할 수 있지만, 속성 하나에만 해당하는 정보를 포함하는 튜플 생성 시 널값이 생기는 문제가 발생할 수 있다는 주의점을 설명함. 인간은 복합적인 요인의 상호작용으로 행동하는 고차원의 생명체이기 때문에 단순히 한 요인에만 초점을 맞추거나 요인 간의 관계를 간과한 채 학생이 겪고 있는 문제를 살펴볼 경우, 문제의 본질을 놓칠 수 있다는 글을 씀. 이에 여러 가지 릴레이션을 조합하여 다양한 데이터에 유연하게 대응하고, 빅데이터의 관계에 주목하는 관계형 데이터베이스를 활용할 것을 제안함. 실제로 학생 비만 문제, 학업 중단 원인을 체계적으로 분석하고 최적의 해결책을 도출하고자 함. 더 나아가 심화 탐구한 교육 공공분야의 빅데이터는 한 개인의 장기간의 변화를 아우르고 있다고 설명하고 이런 특징을 활용하면 평생 교육을 활성화할 수 있다고 소개함. 개인의 학습 습관, 동향을 파악하면 개인 맞춤 교육 서비스를 지속적으로 추천, 제공할 수 있고 이를 통해 평생 교육까지 지속할 수 있음을 주장함.

예시4. '화학과'를 희망하는 학생이 '자기치유기술'에 대한 관심을 드러낸 세특

자기 치유 기술의 개념과 종류를 설명하는 글을 읽고, 문단별 핵심 내용을 요약함. 자기 치유 기술의 방법에 대한 설명글을 정확히 이해함. 자기 치유 기술에서 사용하는 방법을 마이크로캡슐 이용, 혈관모사법, 세균이나 곰팡이 활용으로 구분하고 방법과 장단점, 적용 대상에 대해 정리함. 다소 어려운 주제, 생소한 어휘의 글이었는데도 내용을 이해하고자 개념을 정리하고 마인드맵을 그려 알기 쉽게 설명하려고 노력하는 모습을 보임. 평소 화학 분야에 관심이 많아 자기 치유 기술에 사용되는 화학적 물질에 대해 호기심을 갖고 제시문을 읽다가 복원 물질에 대한 궁금증이 생겨 추가 자료를 조사함. 미생물과 함께 사용되는 고분자 하이드로젤, 콘크리트 보강 재료 섬유와 나노입자 치유 물질 등의 내용을 정리함. 미생물을 사용하여 균열을 치유하고 치유를 돕는 물질까지 개발한 것을 통해 과학기술의 발전이 정말 빠르다는 것을 깨달았다고 활동지를 작성함. 기존의 보강재료를 다른 물질로 더 강화하여 사용할 수 있다는 점, 화력발전의 부산물처럼 원래 버려질 물질도 재가공하여 사용될 수 있다는 점을 깨달았다는 글을 작성함. 앞으로 여러 가지 복원물질들이 어떻게 개발되었는지 개발 과정을 알아보고 싶다는 생각을 논리적으로 작성함.

대학이 원하는 평가 요소

'세부 능력 및 특기 사항'은 학생부 종합전형에서 가장 중요한 영역이므로 대학에서 어떤 기준을 가지고 학생들을 평가하고 선발하는지 아는 것이 중요합니다. 2022년 건국대, 경희대, 연세대, 중앙대, 한국외대가 공동 연구하여 〈new 학생부 종합전형 공통 평가 요소 및 평가 항목〉[7]을 발표했습니다. 이에 따르면 2023 입

---

[7] 경희대학교 입학처 입학전형 연구센터, 〈new 학생부 종합전형 공통 평가 요소 및 평가 항목〉(2022)

시까지는 '학업 역량, 전공 적합성, 인성, 발전 가능성'이라는 4개 항목을 기준으로 학생을 평가했으나 2024년 입시부터는 3개 영역으로 재편되어 '학업 역량, 공동체 역량, 진로 역량'으로 학생을 선발합니다. 따라서 세특에서도 학업 역량, 공동체 역량, 진로 역량이 드러나면 좋은 평가를 받을 수 있습니다.

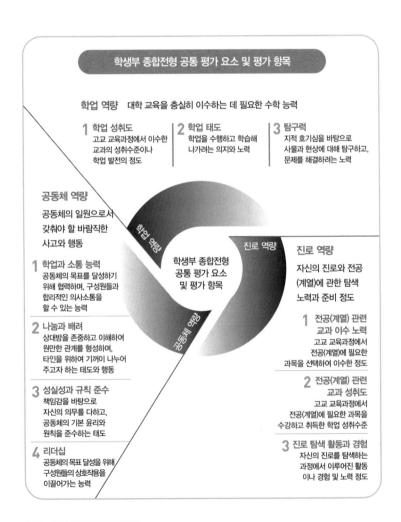

학생부 종합전형 공통 평가 요소 및 평가 항목

학업 역량 대학 교육을 충실히 이수하는 데 필요한 수학 능력

1 학업 성취도
고교 교육과정에서 이수한 교과의 성취수준이나 학업 발전의 정도

2 학업 태도
학업을 수행하고 학습해 나가려는 의지와 노력

3 탐구력
지적 호기심을 바탕으로 사물과 현상에 대해 탐구하고, 문제를 해결하려는 노력

공동체 역량
공동체의 일원으로서 갖춰야 할 바람직한 사고와 행동

1 학업과 소통 능력
공동체의 목표를 달성하기 위해 협력하며, 구성원들과 합리적인 의사소통을 할 수 있는 능력

2 나눔과 배려
상대방을 존중하고 이해하여 원만한 관계를 형성하며, 타인을 위하여 기꺼이 나누어 주고자 하는 태도와 행동

3 성실성과 규칙 준수
책임감을 바탕으로 자신의 의무를 다하고, 공동체의 기본 윤리와 원칙을 준수하는 태도

4 리더십
공동체의 목표 달성을 위해 구성원들의 상호작용을 이끌어가는 능력

학생부 종합전형 공통 평가 요소 및 평가 항목

진로 역량
자신의 진로와 전공 (계열)에 관한 탐색 노력과 준비 정도

1 전공(계열) 관련 교과 이수 노력
고교 교육과정에서 전공(계열)에 필요한 과목을 선택하여 이수한 정도

2 전공(계열) 관련 교과 성취도
고교 교육과정에서 전공(계열)에 필요한 과목을 수강하고 취득한 학업 성취수준

3 진로 탐색 활동과 경험
자신의 진로를 탐색하는 과정에서 이루어진 활동이나 경험 및 노력 정도

다음의 예시는 대학의 학종 평가 요소를 골고루 반영하여 강조한 세특의 사례입니다. 괄호 안의 내용은 대학에서 학생들을 평가하고 선발하는 기준에 해당하는 평가 요소를 반영하고 있음을 보여 주기 위해 적은 것이므로 참고해 주시면 됩니다.

예시) 대학의 학종 평가 요소를 골고루 강조한 세특

소비자가 구매 행동을 하는 과정에서 일어나는 소비자 학습을 주제로 한 글을 읽고 문단별 핵심 내용을 요약함. (학업 역량) 소비자의 인지적 학습, 소비자의 행동적 학습, 소비자의 행동적 학습에서의 고전적 조건화, 소비자의 학습에 대한 이해가 필요한 이유에 대한 설명 글을 정확히 이해함. (학업 역량) 소비자의 학습을 인지적 학습과 행동적 학습으로 나누어 관련 자료를 찾아 구조적으로 정리 (지식 정보처리-학업 역량) 하고, 조건적 작동화와 작동적 조건화에 대한 개념을 자신의 말로 정리한 후 본인의 생각을 덧붙임. 자신이 분석한 지문과 탐구 내용을 발표하는 수업에서 첫 발표를 자원하여 자신감 있는 태도로 발표하고 제시문 이해에 어려움을 겪는 친구들의 질문에 성의껏 대답함. (의사소통, 리더십-공동체 역량) PPT 자료를 깔끔하게 만들고 바른 태도와 적절한 성량으로 발표하여 친구들의 호응을 이끌어 냄. 소비자의 구매 활동 시 '인지적 학습'과 '행동적 학습'이 이루어진다는 지문을 읽고 학생들의 학습에는 어떤 종류와 관점이 있는지에 호기심을 느껴 '학습의 종류와 특징'에 대해 심화 탐구함. (탐구력-학업 역량) 행동주의, 인지주의, 구성주의 관점을 설명하고 구성주의 관점이 오늘날 학생들에게 요구되어야 할 학습 태도라는 자신의 견해를 덧붙임. 앞으로 주입식 교육이 아니라 구성주의 관점에서 어떻게 교육을 할 수 있을지 탐구해 보고 싶다는 포부(진로 역량)를 밝힘.

변하지 않는
입시 국어 공부의 정석

　고등학교에 가면 본격적인 입시 경쟁에 뛰어들었다는 사실을 실감하며 많은 학생이 바짝 긴장합니다. 초등학교 시기에 기본 문해력을 키우는 데 집중하고, 중학교 시기에 독해 실력과 국어의 개념, 기초 이론을 확실히 다졌다면 고등학교에서는 이를 바탕으로 실전에 뛰어들 준비를 한다고 볼 수 있습니다.

　2022 개정 교육과정에 따라 고등 국어에도 변화가 있습니다. 그러나 입시를 준비하는 큰 흐름은 바뀌지 않았기에 변화된 정보에 귀를 기울이면서도 그동안 쌓아 온 역량을 활용하여 실전 대비에 최선을 다하는 것이 가장 중요합니다.

달라지는 국어 교과 과목 편제

고등학교는 학교마다 시수가 조금씩 다릅니다. 보통 1학년은 주당 4학점 '국어' 과목으로 수업하고(2022 개정 교육과정-공통 국어), 2학년부터는 주당 3학점 정도의 선택 과목 수업을 합니다.[8]

교육과정이 개정되면서 2025년부터는 고등학교 국어 교과 과목 편제도 조금 달라집니다.(표 참조) 2022 개정 교육과정에 따라 공통 과목인 '국어'는 '공통 국어1', '공통 국어2'로 명칭이 바뀝니다. 하지만 내용의 구성에는 큰 차이가 없습니다. 내용은 기존 '국어'와 마찬가지로 듣기·말하기, 읽기, 쓰기, 문법, 문학, 매체로 구성됩니다.

〈2015 교육과정 국어 교과의 과목 편제〉

교과(군)	공통 과목	선택 과목	
		일반 선택	진로 선택
국어	국어	화법과 작문, 독서, 언어와 매체, 문학	실용 국어, 심화 국어, 고전 읽기

---

8 학교 홈페이지의 '교육과정 편제표'를 확인하면 개별 학교의 과목별 시수를 확인할 수 있습니다.

〈2022 교육과정 국어 교과의 과목 편제〉

교과(군)	공통 과목	선택 과목		
		일반 선택	진로 선택	융합 선택
국어	공통 국어1 공통 국어2 (★가장 중요)	화법과 언어, 독서와 작문, 문학	주제 탐구 독서, 문학과 영상, 직무 의사소통	독서 토론과 글쓰기, 매체 의사소통, 언어생활 탐구

'국어'가 '공통 국어1'과 '공통 국어2'로 나뉜 것은 교과의 내용 구성이 크게 달라진다기보다 고교학점제의 '학기제 전환'과 더 큰 관련이 있어 보입니다. 대학에서 학기별로 수업을 선택하여 듣고 성적 처리가 되는 것처럼, 고교학점제가 실행되면 1, 2학기에 동일 과목으로 수업이 연장되지 않습니다. 즉, 2015 교육과정에서 '국어'를 1년 동안 배우던 것을 2022 개정 교육과정에서는 학기별로 끊어서 가르쳐야 하니 2022년 개정 교육과정에서 이를 나누어 과목명도 공통 국어1, 2로 구분한 것입니다.

고등학교 국어 중 가장 중요한 것이 바로 이 '공통 국어'입니다. 1학년 때 배우는 '공통 국어'는 2, 3학년 때 배울 국어 선택 과목의 기초가 됩니다. 또한 선택 과목에 해당하는 내용이 단원별로 집합되어 있어서 과목 선택에 있어 절대적인 참고 자료가 됩니다. 무엇보다 2022 개정 교육과정을 적용받는 2025년 1학년부터 일반 선택 과목도 절대 평가로 전환되면서 '공통 국어'만이 상대 평가로 남아 내신에서 1학년 국어 성적의 중요성이 더 커질 것으로 보입니다.(아래 '고1 국어 성적이 중요한 이유' 참고)

2학년이 되면 학기별로 선택 과목을 배우게 됩니다. 일반 선택 과목인 '화법과 언어(듣기/말하기, 문법 심화)', '독서와 작문', '문학' 등은 언어 연계성으로 '화법'이 '언어'와 함께 묶이고, 책을 읽고 쓰는 활동의 연계성으로 '독서'와 '작문'이 함께 묶인 것을 볼 수 있습니다.

진로 선택 과목에서는 '주제 탐구 독서', '문학과 영상', '직무 의사소통' 등 실제적인 국어 능력 향상, 영상과 매체 부분을 강조했다는 점을 확인할 수 있습니다. 여기서 진로 선택 과목의 경우, 현재도 9등급 상대 평가가 아니라 절대 평가로 내신을 산출하고(성취평가제), 대학마다 반영 비율이 높지 않아서 가볍게 듣는 학생들이 많습니다. 즉, 과목이 달라진 것이 국어 교육에서는 의미 있는 변화지만 아직 입시의 변화까지 예측하기는 어렵습니다.

고1 국어 성적이 중요한 이유

앞서 설명했듯이 현재는 '진로 선택' 과목만 성취평가제(절대 평가)로 내신을 산출하나 2025년부터 모든 선택 과목이 성취평가제(절대 평가)로 내신을 산출합니다. 성적에 부담을 갖지 않고 자유롭게 과목을 선택하도록 유도하기 위함입니다. 지금은 일반 선택 과목도 상위 4%에 해당하는 학생들만 1등급을 받을 수 있으나 성취평가제에서는 2학년부터 다수의 학생이 A등급을 받을 수 있으니 변별력이 적어질 것입니다.

다시 말하면, 지금은 고등학교 2~3학년에도 일반 선택 과목을 배우고, 일반 선택 과목은 상대 평가이므로 학년이 올라가서 내신 등급을 만회할 기회가 있습니다. 그러나 2025년 1학년(2009년생)부터는 고등학교 1학년의 공통 과목만 상대 평가이고, 고 2, 고 3의 선택 과목은 모두 절대 평가가 되므로 고 1 성적의 중요성이 더욱 커지게 됩니다. 즉, 모든 국어 과목이 교육적으로 의미가 있으나 입시에서는 고등학교 1학년 때 배우는 '국어(2025년부터 '공통 국어')' 성적이 가장 중요합니다.

또한, 고 1은 내신 문제에 외부 지문이 등장하는 첫해입니다.[9] 중학교까지는 배운 작품에서 시험 문제가 출제되어 학생의 '진짜' 감상력과 문해력을 측정하기 어렵습니다. 예를 들어, 중 1 교과서에 실린 정호승 시인의 〈고래를 위하여〉라는 시에는 '마음속에/푸른 바다의/고래 한 마리 키우지 않으면/청년이 아니지'라는 시구가 나옵니다. 아이들은 이런 상징적인 시어가 많은 시를 배울 때

---

9 학교마다 차이가 있을 수 있으나 중학교까지는 대부분 배운 작품에서 출제하고 고등학교 내신은 외부 작품까지 출제하는 것이 일반적입니다.

'고래=꿈과 목표를 추구하는 존재'라고 암기해 버립니다. 그래도 중학교까지는 국어 성적을 잘 받을 수 있습니다. 그러나 외부 지문이 포함된 고등학교 내신 시험은 어떨까요? 아무리 교과서의 시를 달달 외우고, 참고서에서 상징적인 시어까지 공부한다고 해도 낯선 시를 해석해 낼 수 없다면 좋은 성적을 받기 힘듭니다.

비문학 역시 고등학교에서는(특히 모의고사) 처음 본 지문을 읽어 내지 못하면 좋은 성적을 받을 수 없습니다. 즉, 고 1 성적은 앞으로의 국어 실력까지 예측할 수 있는 기준점이 됩니다. 감상력과 문해력은 하루아침에 길러지지 않으나 하루아침에 사라지지도 않기 때문입니다. 따라서 고 1 국어 실력을 보면 '진짜' 국어 실력을 가늠해 볼 수 있습니다.

다음 장부터는 내신 성적에 가장 중요한 1학년 공부법부터 내신과 수능을 함께 챙겨야 하는 3학년 공부법까지, 각 학년에서 국어 공부를 어떻게 해 나가야 하는지에 초점을 맞추어 구체적인 공부 방법을 다뤄 보려 합니다.

고등학교 1학년:
국어 내신 완벽 대비하기

고 1 국어가 어려운 이유

고등학교 내신 준비도 중학교와 크게 다르지 않습니다. 기본적으로는 3부 〈중등 국어 공부 로드맵〉의 '문학 내신 시험 대비' 부분을 보시면 됩니다. 다만 고등학교 1학년 국어는 제가 생각하기에 중고등 과정 전체를 통틀어 가장 어렵고 중요합니다.

고 1 담임을 하다 보면 중학교까지는 국어를 잘했다는 친구들을 많이 만납니다. 사실 중학교 국어 교과서를 보면 공부해야 할 이론이 거의 없습니다. 수업 시간에 선생님이 설명해 주시는 내용만 잘 공부해도 그 안에서 시험 문제가 출제되니 80~90점 정도는 쉽게 맞습니다. 제 아이의 학교에서는 한 학급의 3분의 2 정도가 국어 성적이 A나 B가 나온다고 들었습니다.

이 친구들이 고 1이 되면 어떨까요? 겨우 한 학년 올라갔을 뿐 인데 공부할 이론의 양과 작품 수가 기하급수적으로 많아집니다. 수업 시간에 다루는 내용의 범위만 넓어지는 것이 아닙니다. 출제 범위도 외부 지문까지 포함하여 중학교의 5배 이상 많아집니다. 중학교 활동 수업 시간에는 3차시에 걸쳐 하나의 작품을 공부했다 면 고등학교에서는 1차시에 여러 작품을 다루기도 하니 학생들이 수업 시간에 배우는 내용을 완전하게 소화하지 못하면 시험 기간 에 감당하기 어렵습니다.

게다가 각 작품의 수준도 급격히 어려워집니다. 고전 문학은 읽 기조차 힘겹고 생소한 단어가 많으니 이해하기 어려워 흥미를 잃 어버리기 쉽습니다. 현대 문법도 제대로 배워 본 적 없는 학생들 이 중세 국어 문법까지 공부해야 하니 고 1 첫 시험이 끝나면 50 점 이하의 점수를 받는 친구들이 수두룩합니다. 대체로 고 1 국어 의 평균 점수는 50~60점 내외로 나옵니다. 이렇게 어렵게 출제해 도 만점을 받는 학생이 있으니 1등급을 가르려면 어쩔 수 없습니 다. 2022 개정 교육과정에서도 고 1은 상대 평가이기에 난이도는 크게 달라지지 않을 것입니다.

고 1 국어가 어려운 또 다른 이유는 고 2, 3에 비해 다루는 영역 이 많기 때문입니다. 고 2, 3은 선택 과목이기에 과목에 따라 문학만, 독서만, 문법만 다룹니다. 그러나 고 1은 이 모든 내용이 집합되어 있어 문학에 강한 친구가 문법에 어려움을 겪기도 하고, 문법에 강한 친구가 비문학을 어려워하기도 합니다. 이런 이유로 학생들이 '국어가 갑자기 너무 어려워요.', '국어를 어떻게 공부해야 할지 모르겠어요.', '국어의 길을 잃었어요.'라고 하며 답답해합니다.

공부할 범위는 넓고, 내용 자체가 어렵고, 경쟁은 가장 치열한 것이 고 1입니다. 중학교까지 놀던 학생들도 고 1 내신 시험부터는 바짝 긴장한 모습을 보입니다. 오히려 고 2가 되면 내신을 포기하고 정시로 대학을 가겠다는 친구들도 있고, 고등학교 생활에 적응하여 긴장이 풀어진 친구들도 있습니다. 그러나 고등학교 1학년 내신 시험은 대입과 직결되는 첫 시험이니 모두가 긴장하고 대대적인 준비를 합니다. 중 3 때부터 고등학교 시험이 중요하다는 말을 수도 없이 들었을 테니 긴장하지 않고 준비하지 않는 것이 이상할 정도입니다. 그러니 상대 평가인 고등 시험에서 가장 경쟁이 치열하고 등급을 받기가 어려운 시기는 3학년이 아니라 1학년입니다.

또한, 고교학점제에서 2, 3학년은 선택 과목이 많아져서 9등급으로 내신이 산출되는 일반 선택 과목(입시에서 중요한 과목)과 진로

---

10 2025년부터는 일반 선택 과목도 절대 평가로 전환되어 중요도가 다소 낮아질 것으로 보입니다.

선택 과목(중요도가 덜한 과목)이 섞여 있습니다.[10] 반면, 1학년은 예체능을 제외하고는 모든 과목이 9등급으로 내신이 산출되는 공통 과목이기에 모두 중요합니다.

그렇다면 고 1 내신 국어 시험을 어떻게 준비해야 할까요? 학생들이 가장 어려워하는 중세 국어를 예로 들어 설명하겠습니다.

백지 학습법 활용하기

제가 가장 추천하는 것은 백지 학습법입니다. 본인이 어떤 부분을 놓쳤는지 지속적인 점검을 할 수 있어서 가장 효과적이라고 생각합니다. 전국의 고등학교 1학년이 접하게 되는 중세 국어 지문을 예로 들어봅시다. 학부모님도 학창 시절에 암기했던 그 본문입니다. 활용 방법은 다음과 같습니다.

---

1. 세종어제훈민정음(世宗御製訓民正音) - 15세기 국어

世·솅 宗종 御·엉 製·졩 訓·훈民민正·졍音흠
➡

나·랏·말싼·미 中듕國·귁·에 달·아
➡

文문字·ᄍᆞᆼ·와·로 서르 ᄉᆞᄆᆞᆺ·디 아·니ᄒᆞᆯ·ᄊᆡ

➡

·이런 젼·ᄎᆞ·로 어·린 百·ᄇᆡᆨ姓·셩·이 니르·고·져 ·ᄒᆞᇙ ·배 이·셔·도

➡

ᄆᆞ ·ᄎᆞᆷ:내 제 ·ᄠᅳ·들 시·러 펴·디 :몯 ᄒᆞᇙ ·노·미 하·니·라

➡

·내·이·ᄅᆞᆯ 爲·윙·ᄒᆞ·야 :어엿·비 너·겨, ·새·로 ·스·믈여·듧 字·ᄍᆞᆼ·ᄅᆞᆯ ᄆᆡᇰ·ᄀᆞ노·니

➡

:사ᄅᆞᆷ:마·다 :ᄒᆡ·ᅇᅧ :수·ᄫᅵ 니·겨 ·날·로 ·ᄡᅮ·메 便뼌安한·킈 ᄒᆞ·고·져 ᄒᆞᇙ ᄯᆞᄅᆞ·미니·라.

➡

1. 본문에 아무 설명과 필기가 없는 채로 여러 장 인쇄를 합니다.
2. 단어마다 밑줄을 치고 공부해야 할 내용을 정리하며 단권화 합니다.
3. 외운 내용을 다시 다른 페이지에 적어 보고 완벽히 쓸 수 있을 때까지 반복합니다.

이때 써 둔 내용의 가짓수를 생각해 두고, 연습지에 다 써 본 뒤 몇 개를 썼는지 체크하면 100% 암기에 도움이 됩니다. '총 20개 써야 하는데 몇 개 썼지?'라며 얼마나 외웠는지 확인하는 것입니다. 이런 식으로 학습하는 것은 모든 영역에 적용할 수 있습니다.

중학교 1학년 노트 필기법에서도 '코넬식 노트 정리법'을 소개했는데, 이렇게 단서를 가지고 점검하는 방식은 학년, 교과 상관없이 적용할 수 있습니다.

만약 문법을 공부한다면 음운의 변동(4)이라고 쓰고, 교체(5), 탈락(3), 첨가(2), 축약(2)이라고만 씁니다. 공부를 다 끝낸 후에 음운의 변동에는 (4)가 있으니 교체, 탈락, 첨가, 축약 4가지 변동을 떠올려 봅니다. 교체에는 (5)가 있으니 끝소리 규칙, 비음화, 유음화, 된소리되기, 구개음화 5가지를 떠올려 봅니다.

다른 교과에도 이렇게 백지 학습법을 적용할 수 있습니다. 저도 임용 고사를 준비할 때 모든 내용을 단권화한 후에 암기해야 할 개수를 목록화하여 적었습니다. 처음에는 쓰면서 반복하다가 나중에는 쓰는 시간도 아까워서 말하며 반복했던 기억이 납니다. 이렇게 해야만 사소한 내용도 빠뜨리지 않고 완벽하게 이해하며 시험에 대비할 수 있습니다.

고 1 내신 시험에서 좋은 등급을 받아야 하는 이유는 분명합니다. 고 1 내신에 따라서 수시 6장 카드를 모두 활용할 수도, 수시는 포기하고 N수생들과 정시 준비를 하며 학교에서 의미 없는 시간을 보낼 수도 있습니다. 고 1의 목표는 자나 깨나 내신 관리입니다. 보통 1학년 때 성적이 좋은 학생들은 동기 부여가 되어 3학년까지 성적 관리를 잘하고 상승세를 타는 경우가 많습니다. 반면 1학년 시험을 망치면 내신으로 대학 가기는 어렵겠다는 생각을 자꾸 하게 되고 그만큼 수업에 집중하지 못합니다. 결국, 2~3학년에도 내신 성적이 엉망이 되는 경우가 많습니다. 고등 내신을 우스갯소리로 '내 (마음의) 신'이라고까지 부르면서 중요하게 관리하는 이유가 이 때문입니다.

재학생에게 가장 유리한 전형은 재학생끼리만 경쟁하는 수시 전형이므로 1학년 국어는 내신 공부를 철저히 하는 것에 초점을 맞추어야 합니다. 거듭 강조하지만, 고교학점제가 전면 시행되는 2025년부터는 고등학교 1학년 내신만 상대 평가이니 고 1 내신 성적의 중요성은 더욱 강조될 것입니다.

고등학교 2학년: 최근 5년간 기출문제 풀이

기출문제, 언제부터 푸는 것이 좋을까

모의고사와 수능 기출문제를 풀이하는 시기에 대해서는 국어 교사 내에서도 견해가 분분합니다. 학원가에서는 중학교에 입학 하는 순간부터 모의고사 기출문제를 풀면서 수능 문제 유형에 적 응하도록 합니다. 심지어 초등학교 6학년 학생에게 고 1 모의고사 문제를 풀리는 학원도 있다고 합니다. 그러나 저는 개념이 탄탄하 지 않은 상태에서 문제를 많이 푸는 것은 큰 효과가 없다고 생각 합니다. 오히려 중학생 시기에는 다양한 분야의 독서를 충분히 하 고, 해당 학년의 교과 공부를 충실히 하는 것이 더 효과적입니다.

비문학 독해 훈련을 하고 싶다면 고등학교 기출문제 풀이보다 해당 학년 수준의 독해를 폭넓게 하는 것이 낫습니다.

기출문제는 6개월 동안 3년 치 모의고사만 충실히 공부해도 유형 파악을 할 수 있습니다. 매년 새로운 문제 유형이 생기는 것도 아니고, 신유형이 나온다고 해도 개념이 확실한 상태에서는 빠른 속도로 충분히 소화할 수 있기 때문입니다.

또 다른 교사는 고등학교 2학년까지 개념 공부를 충실히 하고, 고 3 때 기출문제를 풀어도 늦지 않다고 말합니다. 개념 공부가 문제 풀이보다 선행되어야 한다는 점에는 동의합니다. 그러나 고 3은 연계 교재를 공부하기에도 시간이 부족합니다. 수능은 당해 연도 교재에서만 연계 출제가 되기 때문에 2학년 때 선행할 수도 없습니다. 따라서 고 3 때 충실하게 연계 교재를 보려면 고 2부터는 기출문제 풀이를 시작해야 시간적인 여유가 있습니다.

평가원 모의고사와 수능 기출은 반드시

기출문제를 풀 때는 6월, 9월 평가원 모의고사와 수능 기출문제를 보는 것이 좋습니다. 3, 4월 모의고사는 지역 교육청 주관으로 출제하지만, 6월과 9월 모의고사는 수능시험을 주관하는 평가원에서 출제하므로 유사성이 더 높습니다. 물론, 시간이 남으면 지역 교육청 주관의 모의고사나 사설 모의고사까지 풀어 봐도 됩니다. 그러나 다른 과목 공부와 병행하면서 국어에만 시간을 쏟을 수도 없습니다. '최소한 이것만은 꼭!'이라고 한다면 최근 5년간의 6월, 9월 모의고사와 수능 기출문제입니다.

2024 수능 시험을 볼 학생이라면 2019년~2023년까지 최소 5년 치 모의고사를 풀도록 합니다. 기출문제는 EBSi 사이트에서 다운로드 후 출력하거나 기출문제를 따로 모아 놓은 문제집을 풀어도 됩니다. 제가 추천하고 싶은 교재는 《TOP CLASS 수능 모의고사 기출문제집》입니다. 고 3 모의고사와 수능 문제가 너무 어렵다면 고 1, 2 모의고사를 먼저 풀어도 됩니다. 기출문제를 이해하기 쉽게 해설한 좋은 문제집이 많지만, 특별히 이 책을 추천하는 이유는 '선배들의 풀이 첨삭' 때문입니다.

국어 성적이 잘 안 나오는 친구들을 보면 자꾸만 매력적인 오답에 이끌려 엉뚱한 답에 체크를 합니다. 그리고 지문은 거의 다 이해했는데 문제를 풀다가 실수했다고 스스로 위로합니다. 이렇게 본인의 사고 과정에 어떤 문제점이 있는지 발견하지 못한 채 또다시 같은 실수를 반복합니다. 본인의 잘못이나 오류를 스스로 발견하고 교정하는 것은 쉽지 않습니다. 그런데 위 책에는 전문가의 해설이 아닌 선배들의 풀이 첨삭이 들어있습니다. 당연히 국어 1등급을 받은 선배들의 모범 답안입니다. 학생들은 같은 문제를 풀어 보고, 모범 답안(풀이)을 참고하여 습관이 된 자신의 잘못된 사고

과정을 인지할 수 있습니다. 전문가의 안목이 아닌 자신과 비슷한 학생의 시각을 따라가다 보면 선배의 문제 해결 방법과 자신의 문제 해결 방법의 차이를 알게 됩니다. 이렇게 의식적으로 자신의 사고 과정을 바꾸려고 노력하다 보면 문제 풀이 실력이 향상될 수 있습니다.

이처럼 고 2에 기출문제 풀이를 충분히 하면서 실전 감각을 익혀 두면 고 3 때 연계 교재를 공부할 여유가 생깁니다. 또한, 고 2 모의고사를 통해 본인이 수능에서 대략 몇 등급 정도 받을지 예측할 수 있어 특정 전형에 매진할 수 있습니다. 고 2까지도 수능 공부를 시작하지 못하고 학교 내신에만 매달리다가 준비 없이 모의고사를 치른다면 그 점수로는 수능 점수를 전혀 예측하기 어려울 것입니다. 물론, 학교 시험 기간에는 내신 공부를 기본으로 해야 합니다. 그 외에는 꼭 시간을 별도로 구분하여 수능 국어 공부를 병행해 나가길 추천합니다.

고 2 학생들이 수시 6개 카드를 섣불리 버리는 실수는 하지 않으면 좋겠습니다. 일반적인 수준의 고등학교라면 재학생은 수시를 쓰면서 정시(수능 국어)로 최저 등급을 맞추는 것이 가장 유리합니다. 수능 국어를 포기해도 안 됩니다. 내신 성적만으로 대학에 가야 하는 경우, 최저 등급이 없는 곳만 지원할 수 있어 입시의 문이 좁아집니다. 쓸 수 있는 카드(무기)가 많아야 입시 전쟁에서 유리하다는 것을 기억해야 합니다.

고등학교 3학년: 연계 교재 공부하고 실전 감각 키우기

EBS '연계' 출제의 의미

고등학교 3학년은 EBS 연계 교재를 철저히 봐야 합니다. 교재를 볼 때는 단순히 지문을 읽고 문제를 풀어 보는 수준에서 끝내면 안 됩니다. 한국교육과정평가원에서는 고 3 학생들의 학습 부담을 줄이기 위해 50% 이상을 연계 출제하고 있는데, 이 '연계'라는 말이 도대체 얼마나 연관되어 있다는 의미인지 막연하기도 합니다. 평가원 홈페이지에 보면 어떤 교재나 강의와 연계되는지, 지난해 교재도 연계되는지, 교재의 문항이 그대로 출제되기도 하는지 등 단골로 올라오는 질문들이 있습니다. 이에 대한 평가원의 답변이 다음과 같이 공지되어 있습니다.

〈평가원 답변〉

- 수능 문항의 EBS 연계란 EBS 수능 교재 및 강의를 활용하여 수능 문항을 출제하는 것을 의미합니다.
- 연계 대상은 당해 연도 고등학교 3학년 대상 EBS 수능 교재 중 한국교육과정평가원이 감수한 교재와 이 교재의 내용을 설명한 강의입니다.
- 수능 출제 문항 중 EBS 연계 문항은 영역/과목별 출제 문항 수 기준으로 50%입니다.

연계 유형은 다음과 같습니다.
- 〈개념 및 원리 활용〉 유형으로 EBS 교재 및 강의에서 다루고 있는 개념 및 원리를 활용하여 문항을 출제합니다.
- 〈지문 및 자료 활용〉 유형으로 EBS 교재 및 강의에서 다루고 있는 지문 또는 자료를 활용하여 문항을 출제합니다.
- 〈문항의 변형 또는 재구성〉 유형으로 EBS 교재 및 강의에서 다루고 있는 문항을 변형하거나 재구성하여 문항을 출제합니다.

[출처 : 한국교육과정평가원 홈페이지, 자주 하는 질문]

위의 내용을 읽어 보면 연계 출제되더라도 EBS에 수록된 지문이나 문항이 그대로 수능에 나올 가능성은 없습니다. 당연히 지문을 활용하고, 변형하고, 재구성하여 출제하기 때문에 수험생이 '연계되어 출제된 게 맞아?'라고 느낄 만큼 '간접 연계' 출제가 많습니다. 중요한 개념이나 원리는 당연히 EBS 교재에 수록되므로 이런 부분을 묻는 수능 국어 문제는 모두 연계되었다고 말해도 할 말이 없습니다. 그럼에도 연계 체감률이 높고 출제 가능성이 큰 몇 가지 영역이 있습니다.

연계 출제 비중 높은 '고전 문학'과 '현대 시'

국어에서 연계 체감률이 특히 높은 영역은 바로 고전 문학입니다. 몇 해 전까지만 해도 고전 문학은 100% 연계될 정도로 연계 비율이 높았습니다. 따라서 《EBS 수능 특강》이 출간되면 고 2 겨울방학 동안, 늦어도 고 3 1학기까지는 고전 문학을 꼼꼼하게 공부하는 것이 좋습니다. 2022 수능 국어만 보더라도 현대 소설은 비연계 작품이 출제되었지만, 고전 문학은 《EBS 수능 특강》에 수록된 고전 소설 〈박태보전〉, 《EBS 수능 완성》에 수록된 고전 시가 〈탄궁가〉가 출제되었습니다.

2021 수능에서도 고전 소설 〈최고운전〉이 연계 출제되었고, 갈래 복합 부분에서 〈사미인곡〉이 연계되었습니다. 연계 교재를 꼼꼼하게 공부했다면 이미 위의 작품의 내용을 알고 있어 쉽게 느껴졌을 겁니다. 만약 시험장에서 작품을 처음 접하고 분석해야 했던 친구들이라면 고전 문학의 특성상 풀기가 만만치 않았을 것입니다.

저는 고 2~3 내신 수업에서도 문학 수업 중 고전 문학을 가장 큰 비중으로 다룹니다. 범위도 한정되어 있고, 아는 만큼 쉬워지기 때문입니다. 작품을 공부할 때는 수록된 지문만 보지 말고 전체 줄거리를 보아야 합니다. 교재에 소설의 '전개' 부분이 수록되었다면 수능에 연계 출제할 때는 '갈등'이나 '절정' 등 다른 구성 단계의 지문을 출제할 수 있습니다.

연시조나 가사도 고전 시가에서 단골로 출제되는 갈래입니다. 역시 연계 출제될 때는 교재에 수록된 부분이 아닌, 다른 부분을 연계하기도 합니다. 예를 들어 교재에 '1수', '3수'가 수록되었다면 연계 출제할 때는 '2수'와 '4수'를 출제하는 식입니다. 이런 점에서 고전 문학만큼은 연계 교재에 수록된 모든 작품의 줄거리나 내용, 주제를 파악해 두는 것이 좋습니다.

고전 소설은 특히 인물의 이름이 다양하게 등장합니다. 예를 들어, 2023 《EBS 수능 특강》에 실린 〈송반궁도우구복〉이라는 작품의 주인공은 '막동이'로 불리다가 양반 행세를 하면서 '최승선'으로 살아갑니다. 거의 모든 작품은 인물의 이름과 직함이 뒤섞여 있습니다. 이렇게 고전 소설은 인물 관계 파악부터 쉽지 않습니다. 따라서 연계 작품만이라도 시간을 단축하면서 정확하게 문제를 풀어 내야 합니다.

다음으로 연계 출제 가능성이 있는 부분이 현대 시입니다. 시는 함축적인 의미를 담고 있어 미리 알면 시간 절약에 도움이 됩니다. 2021 수능에서는 《EBS 수능 완성》에 수록된 이용악의 〈그리움〉이 그대로 출제되었습니다. 그대로 출제되더라도 문제를 맞히는 것은 또 다른 문제입니다. 연계 교재에 수록된 작품은 변형해서 묻더라도 당황하지 않을 만큼 꼼꼼히 공부해 두면 좋습니다.

비문학 대비, 《수능 특강》은 여름방학 전에 끝내기

마지막으로 연계 출제를 염두에 둘 부분은 비문학(독서)입니다. 수능의 역사에서 비문학은 낯선 지문을 빠르고 정확하게 독해하는 것이 관건인 영역이었습니다. 어차피 모두에게 낯선 지문이 출제되니 수험생은 지문을 읽어 내는 독해력만으로 승부를 볼 수 있었습니다. 그러나 최근 몇 년의 추세를 보면 '배경지식을 갖추고 있는가?'의 여부가 지문 이해에 영향을 주고 있습니다.

특히 경제 지문, 과학 지문, 철학 지문에서 킬러 문항의 경우 해당 상식을 지문에서 상세하게 설명하지 않습니다. 이미 연계 교재나 교육과정 내 타 교과에서 다루고 있는 제재라면 기초 용어와 개념을 알고 있다는 전제하에 내용을 전개합니다. 따라서 연계 교재를 공부할 때 모르는 개념이나 용어가 나왔다면 이런 부분을 깊이 있게 공부해야 합니다.

《EBS 수능 특강》의 '독서'를 보면 인문·예술, 사회·문화, 과학·기술로 제재가 구분되어 있습니다. 수능 국어에서 고득점을 노리는 학생이라면 여기에 수록된 지문에 등장하는 제재를 보지 않고 설명할 수 있는 수준으로 공부해야 합니다. 어차피 수능 특강의 '독서'를 고 3 1학기 내신 시험 문제에 출제하는 학교가 많으므로 내신 공부를 하면서 꼼꼼히 살펴보게 됩니다. 다만, 내신 시험에서 모든 제재를 다루지는 못하므로 시험 범위 밖의 제재까지 스스로 보는 것이 중요합니다.

문제만 풀고 채점하고 넘기는 식의 공부로 해서는 안 됩니다. '정부 부채'에 관한 글을 읽는다면 이 지문에 등장하는 어휘, '부채, 상환, 신용, 대출, 원리금, 비영리, 재원' 등의 개념을 완벽히 이해해야 합니다. 대출과 관련된 배경지식인 '총부채 상환 비율, 주택 담보 대출 비율, 총부채 원리금 상환 비율'까지 알아 두면 좋습니다. 요즘은 《수능 특강》이나 《수능 완성》이 출간될 때 《EBS 사용 설명서》라는 책이 동시에 출간됩니다. 사용설명서는 교과서의 자습서처럼 지문을 구조도로 깔끔하게 정리하고, 더 알아봐야 할 배경지식까지 제시하고 있습니다. 학교 선생님들도 수업을 준비할 때 이 교재를 참고하는 분이 많으므로(EBS 교재로 진도를 나가는 학교의 경우) 수능뿐 아니라 내신 공부를 할 때도 참고하면 도움이 됩니다.

《EBS 수능 특강》은 3학년 여름방학 전에 끝내는 것을 목표로 해야 합니다. 매일 한 지문씩 꼼꼼하게 본다면 인문 · 예술 12개, 사회 · 문화 14개, 과학 · 기술 13개, 주제통합 12개로 총 51일이 소요됩니다.[11] 맨 앞의 개념 학습과 마지막의 실전 학습까지 포함하면 최소 60일 정도, 두 달이 꼬박 걸립니다. 여기서 내신 시험 기간은 진도를 나갈 수 없고, 다른 공부도 병행해야 하므로 비문학 지문을 하루에 하나씩 보아야 1학기 안에 《수능 특강》에서 다루고 있는 제재를 모두 훑어볼 수 있습니다.

3학년 여름방학 즈음에는 《EBS 수능 완성》 교재가 출간됩니다. 《수능 특강》과 함께 봐야 하는 대표 교재로 실전 모의고사를 담고 있어 2학기 수업에 주로 활용됩니다. 그러나 2학기는 수시 원서 접수가 있고, 1학기까지의 성적만 학생부에 반영되므로 학교에서 제대로 진도를 나가기 힘든 시기입니다. 따라서 《EBS 수능 완성》 교재는 여름방학 동안 예습하고, 여기에 나오는 제재도 《EBS 사용 설명서》나 EBS 강의를 참고하여 정리해 두는 것이 좋습니다.

고 3은 이렇게 연계 교재만 충실히 보기에도 시간이 부족합니다. 이것저것 문제를 무작정 많이 풀어 보는 것보다 연계 교재 위주로 충실하게 공부하는 것이 효율적입니다. 요즘은 연계 교재의 어휘만 정리해 놓은 교재나 연계 교재를 변형하여 만든 문제집도 출간되고 있습니다. 시기별 목표를 세우고 연계 교재를 꼼꼼하게 살펴보는 것이 고 3 공부의 핵심입니다. 계획을 세워 연계 교재를 매일 꼼꼼하게 공부하면서 주말에는 시간 배분 및 실전 연습을 위해 《T.O.P CLASS 6·9·수능 5개년 모의고사 기출문제집 고3》을 병행해서 보는 방법을 추천합니다.

---

11 2023학년도 《수능 특강》 기준입니다. 매해 지문의 수가 달라질 수 있고, 내용도 해마다 바뀝니다.

고등 시기,
독서는 어떻게 해야 하나요?

　고등학생이 되어서도 독서를 해야 하는지 묻는 학생들이 많습니다. 독서의 유익함은 알고 있어도 고등 시기에 해야 할 공부가 넘쳐 나는데 여유롭게 책을 읽는다는 것이 현실적으로 어렵게 느껴지지요. 게다가 2024학년도 대입(졸업생 포함)부터 상급 학교 진학 시 '독서 활동 상황'은 제공하지 않는 것[12]으로 생활기록부 지침이 바뀌면서 학생들 사이에 이제 독서를 하지 않아도 된다는 인식이 강해졌습니다.

　그러나 '독서'가 대입에 반영되지 않는다는 것은 엄밀히 따지면

12　교육부, 〈2022학년도 학교생활기록부 기재 요령〉 130쪽

사실이 아닙니다. '독서 활동 상황'란에 책의 제목과 저자를 나열하던 것을 없앤 것일 뿐 독서 활동은 여전히 입시에 영향력 있는 다른 영역에 반영됩니다. 오히려 독서 사실 자체가 아니라 독서를 통해 느낀 점, 변화된 점, 추가 탐구한 내용 등 독후 활동에 초점을 맞춰 심화 내용으로 생기부에 기재할 수 있습니다.

학교생활기록부의 많은 부분이 축소·삭제되면서 '세부 능력 및 특기 사항(이하 세특)'이 상대적으로 훨씬 중요해졌는데, 세특에 빠지지 않는 것도 바로 독서입니다. 세특뿐 아니라 동아리 시간에 독서 활동은 '동아리 특기 사항'에 넣을 수 있고, 학급 특색 활동이나 주제 탐구 활동, 학교 각종 행사에서 이루어진 독서는 '자율 활동'이나 '진로 활동'의 특기 사항란에 들어갈 수 있습니다. 계획하기에 따라 얼마든지 독서를 통해 본인의 관심사와 역량을 드러낼 수 있는 것입니다.

그렇다면 독서를 언제, 어떻게 해야 할까요? 학생들은 독서 시간이 절대적으로 없다고 하지만, 사실 교과 수업 시간을 알차게 활용하면 책을 읽을 수 있습니다. 2015 개정 국어 교육과정부터 포함된 '한 학기 한 권 읽기(한 권 읽기)'는 문제 풀이를 위한 '쪽글 읽기'의 한계를 지적하고, 책 한 권을 온전히 소화하자는 취지에서 2018년부터 교육 현장에 적용되었습니다. 2022 개정 교육과정에서는 '한 권 읽기'를 빼려는 조짐이 보였지만 거센 반발 여론에 부딪치며 '한 권 읽기'는 새 교육과정에서도 유지되었습니다. 앞으로 교육과정이 바뀌더라도 국어 수업에서 한 학기에 한 권의 책을 읽는 시간은 확보될 것입니다.

학교마다 조금씩 차이가 있으나 1학년의 경우 국어 4시간의 수업 중에서 3시간은 국어 진도를 나가고, 1시간은 별도로 독서 단원의 수업을 진행하거나 학생 활동을 관찰하는(세특 기재) 수행 평가를 진행하는 곳이 많습니다. 학생들은 이렇게 별도로 주어지는 시간에 성실하게 독서를 하면 됩니다. 다른 교과 수업이나 진로 수업, 창의적 체험 활동 시간에도 독서를 할 기회가 종종 있으므로 한 학기에 2~3권씩 열심히 읽으면 5학기에 걸쳐 10권 이상 완독할 수 있습니다.

이렇게 시간을 할애하여 독서 시간을 확보해 주어도 30분 이상 책을 집중해서 읽는 친구들은 많지 않습니다. 방과 후에도 학원에 다니고, 각종 수행 평가 준비와 학교와 학원의 숙제를 하느라 잠이 부족한 아이들은 독서를 하라고 하면 어느새 깊은 잠에 빠집니다. 그러나 이런 시간을 활용하여 어떤 책을 읽을지 미리 계획을 세운 학생들, '독서 로드맵'이 있는 학생들은 열심히 독서하고 의미 있게 생활기록부를 채워 갑니다. 입시를 떠나 독서하는 과정에서 배우고 성장하는 것은 물론입니다.

2022 개정 국어과 교육과정(2022.9.21.)[13]에는 고등학교의 한 학

---

13 [출처] 교육과정 한 학기 한 권 읽기 발표: 강민정 의원실

기 한 권 읽기 성취 과정을 다음과 같이 제시하고 있습니다. 아래 성취 기준을 보면 학생들이 어떤 책을 읽어야 하는지 알 수 있습니다.

[10공국1-02-02] 자신의 진로나 관심 분야와 관련한 다양한 글과 자료를 찾아 주제 통합적으로 읽고 읽은 결과를 공유한다.

위의 성취 기준을 참고하여, 책의 목록을 계획할 때 다음 두 가지를 고려하면 좋습니다. 첫째, 자신의 진로나 관심 분야와 관련한 책을 골라 읽으면 수시 학생부 종합전형을 지원할 때 '전공 적합성' 부분에서 좋은 평가를 받을 수 있습니다.

둘째, 본인의 지적 수준을 보여 줄 수 있는 책을 읽으면 '학업 역량' 및 '탐구 역량'에서 좋은 평가를 받을 수 있습니다. 독서 활동 실적이 '독서 활동 상황'이라는 영역에서는 미반영되지만 교과 세특이나 창의적 체험 활동 영역에는 기재가 가능합니다. 대학에서는 학생들이 독서한 내용을 보고 지적 수준과 관심사를 파악해 냅니다. 특히, 상위권 대학일수록 학생들의 독서 역량을 비중 있게 보는 경향이 있습니다. 학교생활기록부에 기재된 책은 면접에서 단골 질문이 되기도 합니다. 따라서 '한 권 읽기' 시간이 주어졌을 때 아무 책이나 손 닿는 대로 골라서 읽으면 계획적인 독서를 할 수 없습니다.

제가 근무하는 곳이 교육열이 상당한 지역임에도 90% 이상의 학생들은 아무 책이나 북 카트에서 골라 읽습니다. 이렇게 계획 없이 책을 뒤적거리며 보는 것은 시간을 버리는 독서가 되기 쉽습니다. 고등학교에 입학하기 전에, 최소한 한 학기가 시작되기 전에 읽어야 할 책의 목록을 작성해 보고 독후 활동 계획까지 세울 것을 권합니다. 시간을 전략적으로 활용한다면 고등 시기에도 충분히 독서를 할 수 있습니다.

1등급 선배들의 국어 공부법

어떤 과목이든 1등급을 받기는 쉽지 않습니다. 1등급은 상위 4%에 들어야 받을 수 있는 등급입니다. 100명 중에 4명이니 학부모님들의 학창 시절처럼 50명 학급이라면 단 2명, 지금의 25~30명 학급에서는 단 한 명만이 1등급을 받을 수 있습니다. 실수로 한 문제를 틀리거나 수행 평가에서 작은 감점을 당해도 1등급에서 멀어지는 것이 현실입니다. 지나치게 경쟁이 치열하다 보니 타고난 재능에 성실함과 운(실수하지 않음)까지 모두 따라야 받을 수 있는 등급입니다.

그럼에도 안정적으로 1등급을 받는 친구들은 어느 학교에나 있습니다. 교사로서도 신기할 정도로 특출난 실력을 보이는 학생들을 보며 '이 친구는 어떻게 공부할까', '어린 시절에는 어떻게 공부했을까' 궁금했습니다. 궁금하지만 선뜻 물어보기 어려운 질문이지요.

어렵기로 소문난 고등학교 내신 시험에서 1등급을 받는 친구들에게 어떤 공부 비법이 있을까요? 평균 점수가 50점 내외인 시험에서 만점을 받거나 1개 문항 정도 틀리는 최상위권 고 3 친구 6명에게 인터뷰를 부탁했습니다. 어떻게 국어 공부를 해야 하는지, 국어 학원에 다녀야 하는지, 어떤 문제집이나 강의를 듣는 것이 좋은지, 궁금한 후배들과 학부모님들에게 도움이 되기를 바라며, 아래 학생들의 동의를 얻어 인터뷰 내용을 싣습니다.

독서와 국어 성적에 상관관계가 있다고 생각하나요?

승연 어릴 때 독서를 많이 했어요. 부모님이 선생님이셔서 집에 항상 책이 많았고, 놀 때도 책을 읽었어요. 초등학교 저학년 때는 쉬는 시간마다 도서관에 갔는데 그런 습관이 독해력에 도움이 되었다고 생각해요. 그래서 저는 모의고사 성적이 더 좋은 편이에요. 특히, 《브리태니커 백과사전》을 읽으면서 호기심을 많이 채웠던 것 같아요. 그 사전에서 궁금한 내용을 찾아 읽다가 이과로 진로를 결정하게 되었어요.

주은 어릴 때 독서를 많이 했어요. 《마법천자문》, 《보물찾기 시리즈》 같은 책을 엄청나게 많이 읽었어요. 《Who》 만화책이나 역사 관련 학습 만화도 즐겨 읽었는데 그때 읽었던 내용이 배경지식이 되어 지금까지 도움이 된다고 생각해요. 학습 만화에 대해 편견이 있는 분들도 있는데 저는 학습 만화를 읽으면서 많이 배웠고 도움을 받았어요.

기수 내신보다 수능 국어, 사회 탐구 영역에 독서가 도움이 많이 된다고 생각해요. 책을 많이 읽으면 속독을 할 수 있게 되거든요. 모의고사의 경우 지문이 길어서 시간 내에 문제를 못 푸는 친구들도 많은데 저는 속독을 하니까 시간이 부족하지 않아요. 어릴 때부터 독서를 할 때 흥미 있는 분야나 주제(과학, 지리, 천문학 등)의 책을 찾아 몰입해서 읽는 편이었어요. 지금도 양서를 많이 읽기보다 평소 관심 있고 호기심 있는 분야의 책을 찾아서 문어발식으로 확장해 가며 독서를 하고 있어요. 그래서 모의고사 국어 성적은 항상 전국 등수 안에 들 정도로 잘 나오고 있고요. 문학도 제가 좋아하는 책 위주로 읽어요. 일본 문학 같은 책이요.

다연 저도 초등학교 1학년 때는 매일 한 권씩 책을 읽었어요. 독서를 많이 하는 것은 확실히 도움이 되는데 특히, 시기가 중요한 것 같아요. 어릴 때 책을 많이 읽으면 긴 줄글이 어려움 없이 눈에 들어와요. 중학교 때는 수행 평가 도서 위주로만 책을 읽고 평소 독서를 많이 못 했지만, 초등학생 때 많이 읽어 두었기 때문에 독해력이 유지된 것 같아요. 고등학교에 와서는 한 학기에 5권, 1년에 10권 정도 읽으려고 노력하고 있어요. 학종[1]으로 대학을 진학하려고 생각하기 때문에 다시 책을 열심히 읽고 있어요.

민채 저는 초등학교 때 한 달에 10권 정도 책을 배송 받아 읽는 프로그램을 활용했어요. 다행히 배송 받은 책이 재미있어서 꾸준히 독서를 할 수 있었어요. 중학교 때는 독서를 많이 하지 못했지만 어릴 때 책을 꾸준히 읽었기 때문에 독해 실력이 유지된 것 같아요. 중 3 때는 학교 도서관에서 시집이랑 소설책을 많이 읽었어요. 한 학기에 5권 정도 읽다 보니 독해력이 좋아진 것 같아요. 책을 읽는 것은 독해력에 도움이 되지만 문제를 잘 푸는 것과는 좀 다른 이야기라고 생각해요. 문제를 푸는 데는 스킬도 중요해요.

지원 저도 초등학교 때 책을 많이 읽었어요. 도서부 활동을 했기 때문에 항상 주위에 책이 있었어요. 고등학교 와서도 독서를 많이 하는 편이에요. 특히 매일 비문학 독해 문제를 두 지문씩 풀기

---

1 수시 전형 중 '학생부 종합전형'의 준말. 성적뿐 아니라 학생의 독서, 수상, 동아리, 봉사 등 학생부의 종합적인 면을 놓고 평가함.

시작하면서 모의고사 성적이 눈에 띄게 좋아졌어요. 원래는 비문학 독해 파트에서 많이 틀리는 편이었는데 독해 문제를 꾸준히 풀면서 어느 순간 확 느는 게 보였어요. 이번 모의고사는 비문학 독해에서 한 문항만 틀렸는데 꾸준히 문제를 풀었기 때문이라고 생각해요.

> **▶ 인터뷰 요약 및 결론 ◀**
>
> 예상했던 것과 같이 국어 1등급을 받는 친구들은 어린 시절에 독서를 꾸준히 했습니다. 인터뷰를 통해 평소 독서에 대해 갖고 있던 생각이 틀리지 않았음을 확인하게 되어 흥미로웠습니다. 이 아이들은 굳이 다양한 주제의 양서를 많이 읽으려고 욕심내지 않았습니다. 본인이 좋아하는 주제의 책을 스스로 찾아 읽었고, 학습 만화도 가리지 않고 즐겼습니다. 또한 평소 책을 가까이 접할 수 있는 환경에서 스스로 즐겁게 독서를 했다는 공통점이 있었습니다. 특히, 공통된 것은 초등학교 시절에 독서를 즐겨했다는 점입니다. 어린 시절에 책을 꾸준히 읽는 것이 독해력과 독서 습관에 큰 영향을 미친다는 것을 확신하게 되었습니다.

국어 학원에 다닐 필요가 있을까요?

승연 한자 학습지는 초등학교 고학년 때 3년 정도 했어요. 모든 교과의 개념어는 한자로 되어 있으니까 도움이 되었어요. 특히, 고전 시가는 한자어로 된 어휘가 어려운 편인데 한자 하나하나의 뜻을 알면 정확한 뜻은 몰라도 단어를 유추할 수 있어서 좋다고 생각해요. 내신 학원은 따로 다니지 않고 혼자 공부하는 편이에요.

주은 저는 한자를 중 2 때 6개월 정도만 했어요. 짧은 기간이지만 확실히 도움이 되었어요. 찐 문과라서 한자가 일단 재미있었고, 너무 일찍 한자 공부한 친구들은 많이 잊어버리기도 하는데 오히려 중학교 때 시작하니 기억에 잘 남았어요. 너무 어릴 때 하지 않고 그때 한자 공부를 한 게 도움이 되었다고 생각해요.

기수 저는 중 3부터 고 1까지 문법을 대비해 주는 국어 학원에 다녔어요. 그런데 고 1 때 문법 시험을 망쳤으니 도움은 별로 안 된 것 같아요. 제가 문법에 흥미가 없어서 열심히 안 하기도 했고요. 한자는 초등학교 1학년 때 7급 대비를 할 정도로 일찍 시작했는데 많이 까먹었어요. 그래도 한자를 어느 정도 아니 국어 어휘력에 대한 자신감이 어릴 때부터 있었어요. 국어에 겁이 없었죠. 이런 자신감도 간접적으로 과목을 대하는 태도가 되기 때문에 중요하다고 생각해요.

다연 국어 학원은 고 2 때 내신 시험을 대비해 주는 학원에 다녔어요. 고등학교 시험 문제는 교과서에서만 출제되는 게 아니라 다양한 외부 지문이 엮여서 출제되기 때문에 문학 시험에 도움이 되었어요. 낯선 지문을 교과서 지문과 엮어서 풀어 보는 훈련이 유익했다고 생각해요. 교과서에 실린 문학 작품은 소재나 주제 등에서 유사한 작품과 엮이거든요. 그래서 학원에서 예측해 준 지문과 연계되면 도움이 되고요, 직접 연계되지 않더라도 낯선 작품과 엮인 문제를 접해 보는 경험 자체도 도움이 돼요. 한자는 중학교 때 '한문' 교과 시간에 처음 배웠고요, 논술 학원도 다녀 본 적이 없어요.

민채 저도 국어 관련 학원은 다녀 본 적이 없어요. 유치원 때 한자 급수는 8급까지 땄는데 한자어 배경의 어휘력이 생겨서 알게 모르게 도움이 되지 않았을까 생각해요.

지원 저는 한자를 따로 공부하지 않았어요. 고전 시가는 기초 한자를 안다고 해도 알 수 없는 고사성어, 한자어가 많아요. 차라리 고전에 자주 출제되는 한자어를 따로 공부하면 되니까 한자를 미리 해 놓지 않은 게 문제는 안 되었다고 생각해요. 국어는 고등학교 와서 학원에 다니면서 점수가 꾸준히 올랐어요. 1학년 때는

3등급이었는데 2학년 때 내신 대비 학원을 다니면서 2등급이 되었다가 3학년 때 1등급으로 올랐어요. 문제를 푸는 스킬을 배운 것이 직접적인 성적 향상의 이유라고 생각해요. 논술 학원은 초 6 때 잠깐 다녔는데 작문 실력에는 도움이 되었어요. 학교 수행 평가는 논술형 시험이 많으니까 그런 점에서 다른 과목의 수행 평가, 내신에도 도움이 되었죠.

▶ 인터뷰 요약 및 결론 ◀

국어 내신 1등급 친구들은 한자를 미리 공부한 친구도 있고 중학교 때 교과 시간에만 배운 친구도 있었습니다. 따라서 한자를 미리 공부해야 내신 점수를 잘 받는 것은 아니지만, 어휘에 대한 자신감이라는 측면에서는 어느 정도 도움이 된 듯 보입니다. 국어 학원은 중고등학교 때 내신 대비를 위해 다닌 친구들이 있는데 아무래도 문제를 많이 풀다 보니 문제 푸는 스킬 면에서 도움을 받았다고 합니다. 논술은 국어 내신 성적과 직접적인 상관관계는 없으나 수행 평가에 작문 평가가 많아 간접적으로 도움이 되었다고 대답했습니다.

나만의 국어 내신 대비 방법이 있다면 무엇인가요?

승연 저는 고등학교 내신 대비도 1주 전에 본격적으로 시작해요. 대신 평소 수업 시간에 초집중하고, 수업이 끝나자마자 복습하는 편으로 평소에 100% 소화하려고 해요. 일주일 전에는 다시 한번 선생님 강의를 들으며 필기한 것을 집중해서 읽어 봐요. 그리고 패드에 교과서 파일을 다운받아서 백지상태에서 필기를 보지 않고 다시 적어 봐요. (교과서 출판사 사이트에 들어가면 파일을 받을 수 있어요.) 스스로 내용을 기억하며 적어 본 후에 다시 필기한 내용과 비교해 보면 어떤 부분을 빠뜨렸는지, 어떤 부분이 부족한지 정확히 알게 돼요. 이렇게 다시 부족한 부분을 채워 넣다 보면 전체적인 내용 정리를 꼼꼼하게 할 수 있어요.

내신 대비를 하면서 특별히 다른 강의를 듣지는 않아요. 공부는 혼자 해야 한다고 생각하기 때문에 개념을 잘 확인했는지 확인차 문제를 풀어 보기도 하고, '내가 출제자라면 어떻게 문제를 낼까?' 고민해서 문제를 스스로 만들어 보기도 해요.

주은 1주 전부터 내신 공부를 시작해요. 저는 문제를 아예 풀지 않고, 선생님 필기를 계속 쓰고 읽어 봐요. 저는 설명하는 식으로 공부하는 게 기억에 잘 남아요. 그래서 나에게 설명해 보면서 스스로 납득을 시켜야 넘어가요. 가끔 가족을 불러 놓고 설명해 줄 때도 있어요. 동생이나 엄마를 따라다니면서 공부한 내용을 이야기 하는 식으로요. 이번 시험에서는 점심시간을 이용해 친구들에게 설명을 해 주었고요. 저는 설명하는 것을 좋아하지만, 어떤 친구들 은 정리해 주는 내용을 듣는 것을 좋아해요. 그런 친구를 찾아서 공부한 결과 성적이 잘 나온 것 같아요.

기수   저는 시험 4~5주 전부터 내신 공부를 해요. 다른 과목도 같이 준비하기 때문에 국어에 할애하는 시간이 많지는 않은데, 하루에 1시간 이상은 하려고 해요. 일주일로 따지면 8시간 정도 투자하는 것 같아요. 수업 시간에 필기한 내용을 읽어 보고, 문제를 풀면서 틀린 부분 위주로 다시 공부해요.

다연   저는 1시간에서 한시간 반 정도 국어 공부를 하는데 매일 은 못해요. 대략 주 4회 정도는 하는 것 같아요. 저만의 공부 방법 이 있다면 저는 교재의 본문을 직접 타이핑해요. 타이핑하다 보면 꼼꼼히 읽어 보는 효과가 있어요. 제가 보기 좋은 간격으로 여백을 두고 타이핑한 후에 그 여백에 학교에서 필기한 것, 학원에서 보충 해 준 것, 스스로 찾아본 자료들을 한곳에 정리해 나가요. 단권화 하는 전략이죠. 이렇게 하고 나서 백지 테스트하면서 중요한 부분 을 놓치지 않았는지 확인해요.

민채 저는 2주 정도 전부터 내신 대비를 시작해요. 좀 늦게 시작해도 되는 이유는 수업 시간에 완전히 집중하기 때문이에요. 그 시간에 100% 이해하고 넘어가려고 노력해요. 특히, 내신 범위에 들어가는 문제집은 여러 번 풀어 봐요. 고 3은 《수능 특강》이 시험 범위에 들어가기 때문에 2번씩 풀어 봤어요.

지원 저는 3~4주 전부터 내신 공부를 시작해요. 필기는 수업 시간에 책에 했던 것을 노트에 다시 적어 보는 방식으로 복습하고 있어요. 수업 시간에 초집중하는 것 외에 특별한 공부 비법은 없는 것 같아요.

> ▶ 인터뷰 요약 및 결론 ◀
>
> 국어 내신 1등급 친구들은 내신 대비를 하는 가장 큰 비법으로 수업 시간에 집중하는 것이라는 다소 뻔한 결론을 냈습니다. 뻔한지만 누구도 부정할 수 없는 확실한 비법이 수업에 집중하여 100% 내용을 소화해 내는 것입니다. 내신 시험의 출제자는 바로 그 교과 수업을 진행하는 선생님이기 때문에 수업 중 강조한 내용, 수업 중에 힌트를 주는 내용이 출제될 수밖에 없습니다. 1등급 학생들의 공부법 중 공통적인 것은 '백지 테스트'와 같이 본인이 이해한 정도를 스스로 점검하고 조정하는 '초인지 전략'을 활용하는 것입니다. 무조건 문제를 많이 푸는 것보다 스스로 부족한 부분을 정확히 파악하여 보충하려는 노력이 필요합니다.

추천하고 싶은 문제집이나 강의가 있다면 소개해 주세요

승연 이미 수험생들이 많이 활용하고 있는 《매3비》, 《매3문》 시리즈요. 매일 공부할 분량이 정해져 있어 계획을 세우고 실천하기 좋아요. 해설지도 자세하게 설명되어 있어 혼자 공부하는 친구들에게 권하고 싶어요. 당연히 EBS에 올라와 있는 평가원 문제는 풀어 봐야 하고요. '마더텅' 문제집도 많이 풀어요. 강의는 인터넷 강의를 활용하는데, 《EBS 수능 특강》이 학교 내신 범위라서 수업을 들어도 잘 이해되지 않는 파트만 정해서 듣는 편이에요. 어떤 강의를 수강 신청해서 목차대로 쭉 공부하지는 않고요. 필요한 부분만 선택적으로 하고 있어요.

주은 저는 지문 내용을 확실히 알면 문제의 형식이 바뀌더라도 결국 다 풀 수 있다고 생각해서 문제를 풀어 보지 않아요. 여러 문제를 풀어 볼 시간에 시험 범위의 지문을 더 꼼꼼히 읽어 보고 놓치는 개념이 없는지 확인하죠.

기수 저는 기본적으로 출판사 문제집과 자습서 문제는 꼭 풀어 봐요. '족○닷컴'에서 한 과목당 500문제 정도 풀어 보는 것 같아요. 문제를 많이 풀다 보면 어떤 식으로 출제가 되는지, 변형 출제된다면 어떤 유형으로 나오는지 파악이 돼요. 모의고사나 수능은 저도《매3비》를 하루에 한 지문씩 공부해요. 15분 정도면 끝나니까 꾸준히 할 수 있고, 지문을 독해하는 데 걸리는 시간이 줄어드는 걸 확인할 수 있어 뿌듯해요.

다연 일단 시험을 준비하기 위해 강의를 따로 수강하지는 않아요. 문제를 많이 푸는 것보다 지문을 반복해서 보는 편이에요.

지원 저는《수능의 7대 함정》(EBS)이라는 문제집이 도움이 많이 되었어요. 수능식 문제에서 어떤 식으로 함정을 만드는지 출제자 관점에서 알게 되니까 문제를 풀 때 더 주의를 기울이게 돼요. 실제로 이 문제집으로 공부하면서 어떻게 매력적인 오답을 피해 가야 하는지 알게 되어 점수가 올랐어요.

민채 저는 수능 국어 영역 등급과 내신 등급에 차이가 많은 편이에요. 제가 원하는 전형은 정시보다 수시라서 문제집을 많이 풀지는 않는 편이에요. 내신 시험은 시험 범위가 정해져 있어서 문제를 많이 푸는 것보다 주어진 지문을 완전히 이해하는 게 더 중요하니까요.

같은 1등급 성적을 받는 학생들이라도 본인의 공부 스타일에 따라 문제집을 푸는 양과 방식이 달랐습니다. 결국, 문제 풀이 부분에서는 최우수 학생들 사이에서도 '양으로 승부를 보는 양치기다 답이다' vs '문제를 많이 푸는 것은 중요하지 않다'라는 정반대 입장이 양쪽 모두 우열을 가리지 못한 채 팽팽했습니다. 교사로서 양쪽 입장 모두에 공감 가는 측면이 있습니다. 우선 지문을 충실히 숙지하는 것은 기본이고, 문제를 푸는 스킬을 익히고 유형을 파악한다는 점에서 문제 풀이도 어느 정도는 필요합니다. 내신 시험을 준비한다면 지문을 충실히 공부한 후에 출판사 문제집 정도는 풀어 보기를 권합니다. 모의고사를 준비한다면 최근 5년 정도의 기출문제를 풀어 보는 것이 좋습니다. 다만, 모의고사 기출문제는 국어 기본서를 꼼꼼히 본 후에 실력이 어느 정도 쌓인 후에 풀어 보아야 효과를 볼 수 있습니다. 정답률이 70% 미만이라면 개념서로 돌아가서 기본을 튼튼히 해야 합니다.

후배들을 위해 '나만의 국어 공부 비법'을 공유해 주세요

승연　모든 과목을 공부할 때 오답 노트를 강조하는 분들이 많은데요, 저는 오답 노트를 따로 만들지 않고, 틀린 문제 위에 보충해야 할 내용을 쓰는 편이에요. 특히 국어는 지문의 양이 많고 길어서 오답 노트만 보면 맥락을 파악하기 어려운 면이 있어요. 그렇다고 오답 노트에 지문 내용을 옮겨 적는 것은 시간 낭비라고 생각해요.

팁이라고 하면 내신보다 모의고사에 요령이 좀 필요한데요. 저는 선택 과목으로 '화법과 작문'을 선택했는데 '화법과 작문'을 가장 먼저 풀고 비문학, 문학의 순서로 푸는 편이에요. 화법과 작문이 좀 쉬운 편이니까 예열한다는 개념이고요, 화작의 성격이 비문학과 비슷하니까 그다음에 비문학을 풀면 연결이 잘 되는 느낌이거든요. 마지막에 문학을 푸는 이유는 비문학을 마지막에 풀면 마음이 급해져서 내용이 잘 안 읽히고, 당황하면 지문 자체를 이해하지 못해 딸린 문제를 통으로 못 푸는 일이 생기더라고요. 킬러 문항이 보통 비문학 과학이나 경제 지문이니까요. 반면 문학이 마지막에 있으면 소설을 훑어 읽거나 선지를 먼저 읽고 풀면 풀리는 문제가 있어요. 지문을 통째로 날리는 실수는 피할 수 있어서 제가 선택하는 전략이에요.

주은 저는 매일 독해 문제를 조금씩이라도 꾸준히 푸는 습관이 가장 중요하다고 생각해요. 문제집은 《매3비》로 공부하는데 오답을 아주 꼼꼼하게 보고, 다음에는 같은 함정에 빠지지 않으려고 노력해요. 내신은 아까도 비법으로 소개했는데, 설명하는 방법이 최고예요. 설명하는 사람과 듣는 사람이 모두 도움이 되니까 정말 추천하고 싶어요. 이렇게 공부하면 반복을 많이 하지 않아도 기억에 진짜 오래 남아요.

기수 저도 오답 노트는 만들지 않아요. 어려운 문제는 어차피 처음 보는 유형인 경우가 많아서 오답 노트가 큰 도움이 안 된다고 생각해요. 오답 노트를 만드는 시간이 오히려 낭비라고 생각하기도 하고요.

다연 저도 오답 노트가 국어에서는 별로 필요하지 않다는 것에 동의해요. 만약 제가 30번 문항을 틀렸다면 오답 옆에 포스트잇을 붙여서 간단하게 정리해요. 오답 노트 만들 시간에 바로 빨간 펜으로 필요한 해설만 적거나 해요.

지원 국어 공부의 팁은 자신만의 언어로 한번 정리해 보는 거예요. 저는 문제 풀이가 크게 도움이 안 된다고 생각해요. 본인의 언어로 설명할 수 있을 정도로 공부해 놓으면 변형 문제가 나와도 해결할 수 있거든요.

민채 저는 국어와 수학의 편차가 큰 편이에요. 저도 문제를 많이 푸는 것보다 지문의 기승전결을 내 것으로 만드는 게 가장 큰 비법이라고 생각해요. 고 3은 대부분 《수능 특강》에서 내신 문제도 출제되니까 수특에서 틀리기 쉬운 선지도 익혀 두는 게 도움이 많이 되는 것 같아요.

▶ 인터뷰 요약 및 결론 ◀

1등급 학생들은 주로 국어 오답 노트를 따로 만들지 않고, 틀린 문항 옆에 간단히 정리하는 방식으로 공부합니다. 오답을 복습하지 않는 것이 아니라 정리하는 시간을 아낀다는 의미입니다. 자신의 언어로 설명할 수 있을 정도로 완벽하게 반복해서 보는 것이 도움이 된다는 것이 결론입니다. 문제를 푸는 순서도 본인에게 편안한 방식을 찾아야 하며 어떤 내용이 나오더라도 '내 것으로 만드는 것'이 핵심입니다. 치밀하고 꼼꼼한 학생들, 실수한 개도 허용하지 않겠다는 마음가짐을 가진 학생들이 1등급을 가져갑니다. 결국 실력은 기본이고, 공부하는 태도와 시험에 임하는 각오, 욕심 등이 복합적으로 작용해야만 안정적인 1등급을 받을 수 있습니다.

국어 영역,
오답을 피하고
정답을 찾아가는 비결

　　모의고사나 수능의 국어 영역 문제는 누가 출제할까요? 과학 지문은 과학을 전공한 과학과 교수가, 경제 지문은 경제 전공인 경제학과 교수가 출제한다고 생각하는 사람들이 많습니다. 그러나 정답은 '국어 교사'입니다. 물론 전공자에게 내용의 오류가 없는지 자문 받는 과정을 거치기는 하지만 근본적으로 국어 영역의 독서 문제는 독해력을 측정하는 시험이기 때문입니다. 현직 선생님들에게는 분기별로 출제위원에 지원하라는 공문이 내려옵니다. 별도의 선발 과정을 거쳐서 전문성을 인정받은 분들이 수많은 회의와 합숙을 거쳐서 문제를 만듭니다. 이렇게 출제를 하셨던 분들은 문제가 어떤 과정을 거쳐 만들어지는지 잘 알 수밖에 없습니다. 보안과 저작권 문제로 구체적인 문항을 직접 예로 들지는 못하지만, 출제에 숨겨진 약간의 힌트를 얻을 수 있으면 좋겠습니다.

<보기>에 숨겨진 비밀

국어 영역은 독해를 잘하는 친구를 선별하는 시험 같지만, 여기에 단서가 하나 더 붙습니다. 수능 국어는 누가 '빨리' 정확하게 푸는지를 가리는 시험입니다. 내신 시험도 1등급을 가려야 하는 압박 때문에 시간 내 풀기 어려운 수준으로 문항 수를 조절합니다. 2000년대 초반에만 해도 수능 국어는 지문이 어렵지 않아서 속독하는 친구들에게 절대적으로 유리했습니다. 속독하며 내용을 반복해서 보면 못 풀 문제가 거의 없었기 때문입니다. 그러나 이제는 특별한 전략 없이 접근하면 아예 손도 못 대고 지문 전체를 날릴 수 있습니다. 차분하게 지문 전체의 맥락을 이해하고 문제를 순서대로 풀겠다고 하면 시간이 부족할 수 있습니다. 당연히 전략적으로 접근해야 합니다.

학생들이라면 지문을 읽기 전에 〈보기〉부터 읽으라는 선생님의 잔소리를 많이 들었을 것입니다. 그 이유는 〈보기〉가 전체적인 글에 결정적 힌트가 되는 경우가 많기 때문입니다. 예를 들어, 〈카인의 후예〉(황순원)라는 소설을 지문에서 처음 접했다고 합시다. 〈보기〉를 읽지 않고 소설을 바로 읽어 나가면 시간이 오래 걸리고 어떤 포인트에 집중해서 읽어야 할지 알 수 없습니다. 소설의 배경이 학생들의 삶과 거리가 멀어서 내용을 파악하는 데 시간이 오래 걸립니다. 그러나 아래 〈보기〉를 먼저 읽어보겠습니다.

---

1. 〈보기〉를 참고하여 (가)를 감상한 내용으로 적절하지 않은 것은?

―――――――〈 보기 〉―――――――

(가)는 6.25 휴전 무렵 급격한 토지 개혁 뒤에 나타난 인간들의 인간성 변모의 현실을 형상화한 작품이다. 지주 계급에 헌신하다가 토지 개혁 이후 지주 계급의 탄압에 앞장서는 인물을 통해 인간성 변모의 현실을 확인할 수 있다. 도섭 영감이 자신이 세운 송덕비를 부수고 박훈에게 악담을 퍼붓는 것은 토지 개혁의 상황에서 지주 계급인 박훈과의 관계를 완전히 단절하려는 의도를 나타낸 행동이라 할 수 있다.

우리는 (가) 지문의 내용을 읽지 않았지만 〈보기〉의 정보만으로도 소설의 배경이 1950년대라는 점, 토지 개혁을 둘러싼 갈등을 다루고 있다는 점. 도섭 영감은 시대 변화에 따라 행동을 달리하는 인물이라는 점 등을 파악할 수 있습니다. 이렇게 〈보기〉를 통해 핵심 내용을 알고 지문을 읽으면 내용이 훨씬 쉽게 읽히고, 〈보기〉에 딸린 문제뿐 아니라 다른 내용 일치 문제에도 더 쉽게 접근할 수 있습니다.

이 문제의 정답은 '도섭 영감은 박훈네를 박대하는 평면적 인물이다'였습니다. 〈보기〉에서 이미 '인간성 변모의 현실을 확인할 수 있다'라고 했으므로 도섭 영감은 '입체적 인물'[2]임을 확인할 수 있습니다. 아예 시간 관계상 (가) 글을 읽지 못했더라도 요령이 있다면 〈보기〉만으로 정답을 찾을 수 있는 문제였습니다.

출제자는 하나의 지문에 3~4개의 문제를 만듭니다. 이때 가장 먼저 만드는 문제도 보통은 〈보기〉를 주는 문제입니다. 〈보기〉 문제가 전체 문제 중에 가장 핵심이라고 생각해도 될 정도로 중요합니다. 이런 문항이 배점도 높은 경우가 많아 반드시 먼저 읽고 지문으로 들어가야 합니다. 힌트를 줘도 받아먹지 못하는 것만큼 안타까운 일은 없습니다.

요즘은 〈보기〉에서 정보를 다 주기 어려운 경우, 아예 〈보기〉에 들어가야 할 내용을 지문 속으로 넣기도 합니다. 학생들에게 다소 낯선 작품을 출제할 때 지문 (가) 단락에 소설 본문이 들어간다면 (나) 단락에는 소설에서 고등학생들이 파악하기 어려운 상징적인 부분을 설명의 형식으로 다루어 주는 것입니다. 이때 (나) 단락은 문제를 풀 때 결정적인 힌트가 됩니다.

이렇게 〈보기〉를 제시하거나 지문 안에서 설명을 추가 제공하는 경우, 문제 풀이의 결정적인 힌트가 될 수 있어 특별한 주의를 기울여 읽어야 합니다. 국어 영역은 과목의 특성상 지문의 길이가 길

---

2 입체적 인물은 사건 전개에 따라 (환경이나 상황에 따라) 성격이 변화하는 인물입니다. '입체적 인물'이라는 개념에 대해 몰랐다면 풀 수 없는 문제이므로 문학 개념어 공부도 중요합니다.

어질 수밖에 없어서 문제 풀이에 불필요한 내용이라면 마지막까지 삭제하고 또 삭제합니다. 그런데도 '굳이' 작품 자체가 아니라 추가 설명을 넣어 두었다는 것은 뺄 수 없이 중요한 부분이라는 의미입니다. 따라서 〈보기〉와 추가 해설이 나온다면 반가운 마음으로 읽고, 결정적인 힌트를 놓치지 않길 바랍니다.

내용 일치 문제를 쉽게 푸는 법

출제자 입장에서 내용 일치 문제는 비교적 출제하기 쉬운 편입니다. 일단 제시문에 제시된 내용과 선지가 1:1로 일치하는지 일치하지 않는지를 판단의 기준으로 삼기에 문제 시비에 걸릴 가능성이 상대적으로 적습니다. 학생 입장에서도 제시문에 있는 내용과 선지를 대응하면 쉽게 답이 나오는 부분이기에 문제 풀이에 큰 어려움을 겪지 않습니다. 따라서 내용 일치 문제는 〈보기〉를 활용하여 적용하는 문제에 비해 쉽습니다.

그러나 문제가 너무 쉬워도 출제자는 고민입니다. 매력적인 오답을 만들어야 하는데 제시문과 대조만 하면 답이 보이는 문제이니 어떻게 오답으로 유도할지 어렵습니다. 그렇기에 내용 일치 문제는 읽었을 때 지나치게 답이 빤히 보이는 부분에서 출제하기는 부담스럽습니다.

앞서 '〈보기〉에 숨겨진 비밀'에서 〈보기〉를 주는 문제가 가장 핵심적인 문제라고 말씀드렸습니다. 그렇다면 내용 일치 문제는 핵심적인 부분이 아니라 그 외의 부분에 선지의 근거가 될 내용이 있을 가능성이 큽니다.

그러면 시간이 부족할 때 내용 일치 문제는 어떻게 풀어야 할까요? 일단 〈보기〉를 활용한 문제를 풀면서 그 문제에 근거가 되는 부분을 밑줄 치거나 괄호로 묶으면서 문제를 풉니다. 그리고 나서 남은 부분으로 내용 일치 문제를 풉니다. 시간 부족으로 전체 제시문을 다 읽으며 선지와 비교하기 어렵다면 〈보기〉의 근거가 아닌 부분(표시가 되어 있지 않은 부분)을 정독하면서 내용 일치 문제를 쉽게 해결할 수 있습니다.

예를 들어, 핵심 문제는 〈보기〉를 활용하는 3번 문제라고 칩시다. 3번 문제의 근거가 네 번째 단락에 제시되어 있다면 내용 일치 문제의 근거는 이 단락을 제외한 나머지 문단에 있을 가능성이 큽니다.

출제할 때는 문항마다 정답과 오답의 근거가 제시문에 있어야 하는데 그 근거가 문제마다 달라야 하기 때문입니다. 〈보기〉 문제를 풀면서 답안의 근거로 찾을 수 있는 부분이 내용 일치 문제에서도 같은 근거로 제시된다면 중복 문제가 될 위험이 있습니다. 따라서 내용 일치 문제의 근거가 되는 지문은 〈보기〉에서 활용된 근거 단락을 뺀 나머지 부분이라고 생각하는 게 합리적입니다.

결국, 모든 문제를 풀면서 제시문에서 근거가 되는 부분을 찾다 보면 전체 제시문이 한 문장, 한 문장 모두 필요하다는 것을 알게 됩니다. 필요하지 않은 부분이라면 검토 과정에서 여러 차례 삭제되어 최소 분량만 남기기 때문입니다.

단락이 나뉜 긴 글을 읽고 문제 푸는 법

국어 지문은 (가)~(다) 등으로 단락이 나뉘는 경우가 많습니다. 문학은 갈래가 다른 두세 작품을 엮어서 출제하기도 하고, 주제가 비슷한 작품끼리 엮기도 합니다. 비문학은 관점이 다른 두 단락, 내용 구분의 필요성 등으로 나누는 경우가 많습니다. 이때 문항은 (가)~(다) 모두를 읽어야만 풀 수 있는 문제, (가)만 읽고 풀 수 있는 문제, (나)만 읽고 풀 수 있는 문제 등으로 나뉩니다. 그렇다면 문제를 푸는 순서도 달라져야 합니다. 물론 시간제한이 없는 상황에서는 (가)~(다)를 모두 읽어야 전체적인 흐름을 파악하는 데 도움이 되고 이해도 더 잘 됩니다. 그러나 시험 상황에서는 시간이 금입니다.

비문학의 경우 (가)만 읽어도 주어진 정보가 너무 많아서 연속해서 (나)를 읽는다면 읽다가 앞의 내용을 잊어버릴 확률이 매우 높습니다. 그래서 지문을 읽기 전에 문제를 먼저 보면서 아주 간단히 메모하며 풀이 순서를 정해야 합니다.

1번은 (가)만, 2번은 (나)만, 3번은 (가)와 (나), 4번은 (가)~(다)를 모두 읽어야 문제가 풀린다면 문제 풀이 순서는 다음과 같습니다.

1. (가)를 읽고 1번과 3번의 (가) 해당 부분,
2. (나)를 읽고 2번과 3번의 (나) 해당 부분,
3. (다)를 읽고 4번을 풀면 됩니다.

처음에는 정신없고 복잡해 보여도 평소 연습할 때부터 이렇게 순서를 몸에 익혀 두면 오히려 짧은 글을 읽고 바로 적용하기 때문에 실수할 확률이 낮고 시간이 절약됩니다. 운이 좋으면 3번 같은 경우 (나)까지 읽지 않고도 (가) 해당 부분에서 이미 정답이 나와서 한 문제를 건너뛸 수도 있습니다. 시간이 부족해서 (다)까지 지문을 다 못 읽거나 (다)가 너무 어려워 이해가 안 되더라도 (가)~(나)에 해당하는 세 문제는 맞힐 수 있습니다. 즉, 시간이 부족해서 지문을 통으로 날리는 참사는 막을 수 있습니다. 지문을 통째로 날리면 그 지문에 딸린 3~4문제를 전부 틀리기 때문에 회복하기가 어렵습니다.

비문학도 시간이 없을 때는 앞부분(일부분)이라도 정확하게 읽어야 합니다. 보통 앞에는 말하고자 하는 대상에 대한 개념, 정의가 나오고 뒤로 갈수록 적용 혹은 심화 내용이 나옵니다. 따라서 시간이 부족하면 전체를 훑어 읽으려고 하지 말고, 앞의 비교적 쉬운 문단 한두 문단이라도 정확하게 읽어야 합니다. 한두 문단만 정확하게 이해해도 풀 수 있는 문제가 있습니다. 5개 선지 중에 정확히 이해한 내용을 지우면 찍어도 정답을 맞힐 확률이 높아집니다.

시간이 얼마 남지 않았을 때 쫓기는 마음으로 아예 포기해 버리면 그 지문은 전체를 날리는 것입니다. 차분하게, 조금이라도 건진다는 심정으로 몇 문단만이라도 정확하게 읽고 적용하는 연습을 하면 의외의 성과를 거둘 수 있을 것입니다.

[독서 교육] 책따세 (readread.or.kr)

본문에서 언급한 바와 같이, 전현직 교사들로 구성된 운영진이 3개월 이상 책을 꼼꼼히 읽고 여러 차례 검토 후 만장일치로 추천한 책으로 엄선한 도서 목록이 실린 사이트입니다. 분야별, 연도별, 상황별 공식 추천 도서 목록이 있습니다. 이 도서 목록의 책을 학생들에게 권하면 거의 실패하지 않을 정도로 학생들의 반응이 좋습니다.

[문학 해설] 국어교사 박전현입니다 (네이버 블로그)

문학 작품 해설과 문제가 방대하게 실려 있습니다. 현직 선생님이 10년 이상 애정을 갖고 운영하신 블로그로, 방문객만 1900만 명을 넘었다고 하네요. 《EBS 수능 특강》에 나오는 낯선 작품도 검색하면 거의 다 나옵니다. 저도 수업 준비할 때 자주 들러서 참고하는 블로그입니다.

[문학 감상] 10분의 문학 (유튜브 채널)

문학 작품 전문을 쉽고 재미있게 해설하는 유튜브 채널입니다. 전직 아나운서 출신인 문학 캐스터가 그림을 그려가며 맛깔나게 문학 작품을 해설합니다. 특히, 《EBS 수능 특강》에 실린 작품들을 10분 정도의 짧은 영상으로 소개하여 어려운 작품도 재미있게 이해할 수 있습니다. 중고등학생들은 잠깐 쉬어 가는 타임에 한 편씩 시청해도 좋을 만큼 부담 없고 유익합니다.

[초중등 NIE] 웃는샘의 꿈 좇는 이야기 (네이버 블로그)

초등학생, 중학생 수준에서 활용 가능한 NIE 활동지가 소개되어 있습니다. 논술 학원에 보내지 않아도 워크지만 출력해서 엄마표로 활용이 가능합니다. 뉴스에 나오는 다양한 이슈들을 다루고 있어 재미있게 배경지식을 쌓으며 자연스럽게 어휘와 사고를 확장할 수 있는 자료가 풍부합니다.

[문법] 국립국어원 홈페이지 (korean.go.kr)

사전과 어문 규범을 찾아볼 때, 문법 공부를 할 때 자주 들르는 사이트입니다. 문법적으로 궁금한 사항이 있다면 찾아볼 수 있고, 전화 상담도 받아 줍니다. 외래어를 어떻게 다듬어야 할지 고민될 때 다듬은 말도 찾아볼 수 있습니다.

[기초 학력] 국가기초학력지원센터 사이트 (k-basics.org)

주요 과목별, 학년별로 기초 학력 향상을 위한 자료가 있습니다. 기초 학력 진단 도구부터 각 교과의 기초 역량을 키울 수 있는 동영상 자료가 있어 기초 실력을 쌓아야 하는 학생이라면 유용하게 활용할 수 있습니다.

[자기주도학습] 한국교육방송공사 (ebs.co.kr) / 국가 대표 고교 강의 (ebsi.co.kr)

EBS 사이트는 유명한 데 비해 활용하는 학생이 많지 않습니다. 학원에 다니기 바쁘고, 무료라는 인식 때문인 것 같아 안타깝습니다. 그러나 EBS는 명성대로 훌륭한 강사진과 보물 같은 자료가 가장 많은 무료 사이트입니다. 기출문제나 모의고사 문제, 등급 컷 등도 이 사이트에서 모두 확인할 수 있습니다. 입시 정보도 업데이트가 빠르고, 강좌의 수준이 사설 사이트와 비교해도 부족함 없이 훌륭합니다.

[참고 자료]

교육부 고시 제2022-33호[별책 1] 초 · 중등학교 교육과정 총론

교육부 고시 제2022-33호[별책5] 국어과 교육과정

국가 교육과정 정보센터(http://ncic.re.kr/mobile.index2.do)

교육부, 초중등학교 교육과정 총론(제2018-162호)

교육부, 국어과 교육과정(제2015-74호)

매리언 울프,《다시, 책으로》, 어크로스, 2019년

자청,《역행자》, 웅진지식하우스, 2021년

이해황,《국어의 기술》, 좋은책신사고, 2019년

EBS,《EBS 수능 특강》, 2022년

EBS,《EBS 수능 완성》, 2022년

EBS,《올림포스 고전문학》, 목차 참고

천재교육,《해법문학Q》, 목차 참고

한국언론재단 미디어교육 (https://www.forme.or.kr/)

책따세(https://www.readread.or.kr/)

현직 국어 교사가 알려 주는 상위 1% 초중고 국어 공부 로드맵

국어 1등급 고득점의 비밀

초판 1쇄 발행 2023년 10월 10일

지은이 김지영
펴낸이 민혜영
펴낸곳 (주)카시오페아 출판사
주소 서울시 마포구 월드컵북로 402, 906호(상암동 KGIT센터)
전화 02-303-5580 | **팩스** 02-2179-8768
홈페이지 www.cassiopeiabook.com | **전자우편** editor@cassiopeiabook.com
출판등록 2012년 12월 27일 제2014-000277호

ⓒ김지영, 2023
ISBN 979-11-6827-141-8 03370